そもそも「論理的に考える」って何から始めればいいの?

深沢真太郎

日本実業出版社

はじめに

「考えろ」と言われても、正直どうしたらよいかわからない。
論理的思考が苦手なせいか、自分の話にいつも説得力がない。
考えるのが面倒くさくて、つい直感で物事を決めてしまう。
いくら考えても、アイデアが浮かばない。

もしあなたがそんな悩みを持っていたとしても、悪いのはあなたではありません。なぜなら、あなたに「考える」コツをきちんと教えてくれる人が、これまでいなかっただけなのですから。

実は、そんなあなたにスペシャルなヒントをくれる人物がいます。それが……、

数学的に考えられる人、

です。「数学」を正しく学んだ人は、頭の中で自然に考えることができます。論理的思考なんて朝飯前ですし、考えるのが面倒なんてまったく思いません。アイデアを生み出すことも得意です。

つまり、「数学」は「考える」ためのトレーニングをする学問と言えます。
そして、ビジネスパーソンの思考力や数字力を鍛える「ビジネス数学」を提唱している私は、まさにこの「数学的に考えられる人」を代表する1人だと思っています。「考える」ことについて悩んでいるあなたに、今まで知らなかったコツをお伝えできるはずです。

本書は主人公が2人登場するストーリー形式になっています。
OLのサオリと数学を専門とする大学院生の優斗が繰り広げる会話は、もしかしたら読者であるあなたと著者である私の会話なのかもしれません。
優斗はビジネスパーソンではありません。しかし、「考える」というテーマにおいてはとても頼りになる存在です。そんな彼の頭の中を、ちょっとだけ覗いてみませんか。数学的な人が、議論するとき、決めるとき、アイデアを生むときに行なっている20の「考えるコツ」を知ることができるでしょう。

そろそろ物語が始まりそうです。それではまた、「おわりに」でお会いしましょう。

深沢真太郎

主な登場人物紹介

常盤《ときわ》サオリ

広告会社に勤める29歳。超文系。
明るくてノリがよいが、考えるのが苦手で勢いで行動しがち。
そのせいか、最近は仕事で伸び悩んでいる。

浅野優斗《あさのゆうと》

数学を専攻する23歳の大学院生。
考えることが好きで、何か問題があると解決したくなる性格。
日々、数学の専門的な研究に没頭している。

目次

——そもそも「論理的に考える」って何から始めればいいの？——

第2章

明日から使える！ちゃんと議論するための、考えるコツ

第3章

優柔不断から卒業！素早く「決める」ための、考えるコツ

第5章

これで問題解決できる！数学的な人が持つ、ちょっとズルい考え方

カバーデザイン　吉村朋子
イラスト　小倉マユコ
本文デザイン・DTP　初見弘一

PROLOGUE
―プロローグ―

ちゃんと“考えて”仕事をしてる？

プロローグ

ちゃんと〝考えて〟仕事をしてる？

常盤サオリ（29）広告会社勤務

「このたびは、大変申し訳ありませんでした」

45度の最敬礼で謝罪するその女性は、大手広告会社に勤務する常盤《ときわ》サオリ。

ここは、重要なクライアントである化粧品会社の大阪支社にある会議室。目の前には、謝罪の相手である宣伝部長の小野寺《おのでら》という男が座っていました。

「起こってしまったことは仕方ありません。頭を上げてください」

サオリは頭を上げます。しかし、小野寺はその強張《こわば》った表情を崩そうとはしません。怒りの原因は、サオリのほんのちょっとしたミスでした。

仕事の段取りがうまくいかず、結果として販促キャンペーンのウェブサイトが納期に間に合わないという、多大な迷惑をかけてしまったのです。

「私がこのプロジェクトをしっかりマネジメントできていなかったことが原因です。本当に申し訳ありませんでした」

学生時代はノリのよさとその明るさで、男女問わず友人も多かったサオリは、テレビっ子として育ったこともあり、いつしか広告業界の華やかさに憧れるようになりました。「もしかしたら芸能人とかにも会えたりするかも」という少々ミーハーな動機もあって、7年前に現在の広告会社に新卒として就職したのです。

しかしながら、さすがにこのような場では持ち前の「ノリと明るさ」は封印せざるを得ません。

「しかし、こういうことをされてしまうと、今後は御社と仕事をするのはちょっと難しいと思います。それは、ご理解いただけますね？」

「……はい」

「常盤さん、あなたは確かに一生懸命やってくれていると思うし、その元気なキャラクターも素敵な個性だとは思います。でもね……」

「はい」

サオリは覚悟を決め、小野寺の言葉を待つことにします。

「ちゃんと〝考えて〟仕事をしてくれていましたか？　少し考えれば、こんなことは起こるはずがないと私は思いますが」

その言葉は、サオリの心にグサリと突き刺さりました。

なぜなら、この数年ずっと会社の同僚や上司に言われ続けていることだったから。つまり、サオリ自身が今の自分に感じている「課題」そのものだったからです。

新大阪駅発「のぞみ」での出会い

時刻はちょうど18時。新大阪駅の新幹線ホームは発車ベルが鳴り響いていました。間もなく東京行き「のぞみ」が発車する時刻。謝罪を終えた傷心状態のサオリは、冬の冷たい空気に包まれたホームから「のぞみ」に乗り込み、自分の座席を探します。

「……（はぁ～もうイヤ！　今日は最悪だよもう……さて、〝7D〟はどこかな）」

自分の座席を見つけたサオリは両手いっぱいに荷物をかかえたまま、とりあえず座席に座り、一息つきます。そして何気なく、隣に座っている男性を横目でチラリと見ました。

「……？（あら、学生かな？　しっかし、難しそうなお勉強してる……大変ね）」

なぜ学生だと思ったかというと、その若い風貌はもちろん、彼の読んでいる本が、数学か物理のものと思われる英字の学術書で、手元には方眼ノートとペンが置いてあったからです。

列車は新大阪駅を出発。車内は東京方面に向かうサラリーマンらしき乗客で混雑しています。

サオリは先ほどの小野寺の言葉を思い出していました。久しぶりに心をえぐられたような気分。何度もため息が出ていることに、サオリ自身は気づいていません。

「……（ちゃんと〝考えて〟か……確かに今までは、ノリのよさと勢いで仕事をしてきた感じだもんね。もうそれだけではダメってことか……）」

ふと、隣の青年がチラチラとこちらを見ていることにサオリは気づきました。サオリがそれに気づいたことを察知した青年が、言いにくそうに声をかけます。

「あ、あの……」

「は？（……いったい何なのよ）」

「あの……お荷物がちょっとはみ出して……」

「え？」

サオリは自分が両手いっぱいの荷物を持ったまま座り続けていること、そしてその荷物が隣の青年の腕に見事に乗っかっていること、さらに社内は暖房が効いているにもかかわらずコートを着たままであることに、ようやく気づきました。それは隣の青年も不審に思います。

「あ！　ごめんなさい（ヤバい、またやっちゃった！）」

サオリは苦笑いし、ようやく荷物とコートを座席の上にある棚に載せ、身軽な状態で座り直しました。大雑把な性格のせいか、こんな小さな失敗は日常茶飯事です。
隣の青年は、何事もなかったかのように学術書を読みながらノートに何かを書き込み、ときに手を止めて考え込んでいます。
細身の体型にサラサラの髪。よく見ると、最近テレビドラマで活躍している若手俳優に少し似た甘いマスクをしています。

「はぁ……（〝考える〟か……この彼は今どんなこと考えているのかしら……）」

隣の青年は再びペンを走らせ、そしてまた手を止め、何かを考え始めています。よく見ると、その表情は楽しんでいるかのように少し微笑んでいます。

「……（こういう人って、どんな脳ミソしているんだろう。少なくとも、私なんかとはまったく違う構造なんだろうな……）」

そんなことを心の中でつぶやきながらその横顔を見ていると、思いがけず青年と視線が合ってしまいました。

「……？」

「あ、いえ、ごめんなさい」

青年は怪訝《けげん》そうな表情でサオリを見ています。

さすがに気まずくなったサオリはその居心地の悪い空気を壊すかのように、勢いよく話し始めました。

浅野優斗（23）大学院生

「その本、何だか難しそうですね。もしかして数学か物理の教科書ですか？ 見たところお若いし、理系の学生さん？ 私は大学時代、文学部だったけど、ほとんど勉強しなかったなぁ。女子サッカー部に入っちゃって。しかも、けっこう体育会系のやつ」

「……」

「あ、私の名前は常盤サオリ。サオリはカタカナ。東京で広告会社に勤めてもう7年目になるかな」

「……」

完全に青年は引いています。しかし、誰とでもすぐに距離を縮めることができるサオリにとってはこの反応も日常茶飯事。まったく気になりません。

「さあ、次はあなたの番よ！」

「え？　……はぁ」

「じゃあ、お名前から！」

「あ、浅野優斗《あさのゆうと》です。数学専攻の大学院生です。えっと……大学は東京なんですが、今日は数学の研究発表会があって大阪に」

根っから超文系なサオリ。かつて最も嫌いな教科は、もちろん数学でした。

そんなサオリにとって、数学の研究をする人間などまったく理解できない人種と言っても過言ではありません。

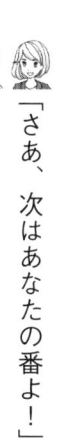

「数学の研究発表会……どんな世界か、私にはさっぱり想像もつかない（苦笑）。いったいどんな内容なの？」

「えっと、ぼくが話したテーマはグラフ理論です。最短ネットワーク問題がいかに情報科学へ応用されているか。また、修士論文のテーマとして検討している、組合せ最適化理論とそのアルゴリズムについて……」

「はいスト～ップ！　わかったわかった」

「え？　組合せ最適化理論のこと、わかるんですか？」

「わかるわけないじゃない、そんなの」

目をまるくした優斗を見て、サオリはクスリと笑います。

「えっと、優斗くんって呼んでいいかしら？」

「え？　あ、はい」

「勉強中にごめんなさい。ちょっと変なこと聞くんだけど……」

「ど、どうぞ」

大失敗の謝罪を終えたばかりのサオリ。東京までの2時間半は凹んだままフテ寝して過ごそうかと思っていましたが、思い切ってこの優斗という青年と話を続けようと試みることにしました。

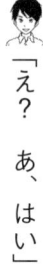

サオリの中に「ある疑問」が湧き上がってきたからです。

「さっきからずっと本を読みながら考えていたわよね？」

「……ええ、まあ」

「数学を専攻している大学院生ってことは、毎日そうやって何か問題を解いたり、考えたりしているってことよね？」

「……はい、そうですね」

「数学の勉強って、そんなに面白いの？」

「……ええ、まあ。昔から、何か問題があると解決したくなっちゃう性格でして」

「考えたりするの、面倒くさくない？」

「いえ、別に……むしろ楽しいですよ」

車内では、間もなく列車が京都駅に到着するとアナウンスが流れています。

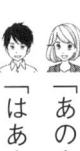

「あの……笑わないでね」

「はあ……」

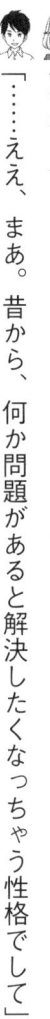

今からサオリが優斗にする質問は、これまで社内の誰にも聞けなかったこと。いえ、今までの人生を振り返っても一度もしたことのない質問かもしれません。

そういう意味では、サオリにとっては「恥ずかしくて今さら聞けない、でも今、一番モヤモヤしているテーマ」なのです。


しかし今、隣にいる優斗は今日たまたま出会った、ただの学生。もう二度と会うこともないはずです。恥ずかしがる必要は、ない。

躊躇《ちゅうちょ》しつつも、思い切ってサオリは優斗に質問してみることにしました。

「あのさ……〝考える〟って、どうすればできるの？」

第 1 章

「論理的に考える」ための基本

《 THINK 《

01 もう「考えているフリ」からは卒業しなきゃ！

02 「逆から考えろ」ってどういうこと？

03 要するに、「論理的に考える」ってどういうこと？

04 どうしていつも「根拠は３つあります」なの？

« THINK «

01

もう「考えているフリ」からは卒業しなきゃ！

「考える」のスタートとは

「は……？」

「あはは。その反応、当然よね。バカみたいでしょ？」

「い、いえ」

「私、大学は文系だったし、これまでの人生の中であなたのような頭のいい理系くんと、まともに話したことってほとんどないの。だから、ちょっと聞いてみたいのよ」

サオリは自分のことを正直に話すことにしました。

今日あったこと。ずっと「自分でちゃんと考える」というテーマから逃げてきたこと。

学生時代から、ノリのよさと勢いだけでここまできてしまったこと。そして、（認めたくないけれども）今、自分が伸び悩み、同僚に差をつけられていることを。

「そうなんですか……」

一度話し始めると止まらないサオリの話を、優斗は最後まであいづちを打ちながら、しっかり聞いてくれました。

「笑っちゃうわよね、まったく」

「ぼくみたいな学生がお役に立てるとは思えませんけど。でも、ちょっとラッキーかも」

「ラッキー？　どうして？」

「その……サオリさんのような美人さんとお話しできるから」

無表情な優斗の意外な〝模範回答〟に、サオリはニッコリと笑顔で返します。

「じゃあ改めて質問ね。〝考える〟ってどうすればできるようになるの？」

「お仕事されているわけですから、考えるなんて日常茶飯事じゃないんですか？」

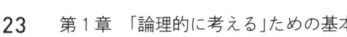

「まあね。でもね、何かこう……自分ではちゃんと考えているつもりなのに、実際は考えるフリをしているだけな気がするのよ。大事なことが抜けているような感じ？　そもそも、〝考える〟ってまず何をすればいいのかしら」

最後の言葉を聞いた瞬間、優斗はサオリの持つ「最初の課題」に気づきました。

1分間、考えてください

「なるほど……サオリさん、今から1つお題を出してもいいですか？」

「え？」

「〝数字〟について何でもいいので1分間考えてください」

「は？」

「質問は受けつけません。1分間、ではスタート」

面食らうサオリですが、とりあえず言われた通り、頭を働かせようとします。しかし、〝数字〟について考えろと言われても、何をどう考えればいいのかわかりません。

「1分経ちました」

「ちょっと、何なのよこれ。意味わかんないし。いったい何を考えればいいのよ。会社の数字のこと？　それとも、そもそも数字とは何か、みたいな哲学的なこと？」

優斗は相変わらず無表情のまま、サオリが話し終わるのを待ちます。

「では、第2問。サオリさんの〝好きな数字〟はいくつか、1分間で考えてください」

「はあ？　ちょ、ちょっと……」

「はい、スタート」

イライラするサオリ。しかし、ここは優斗の提案に乗ることにします。自分にはない思考回路を持つ優斗のすること。きっと何か意図があるはずです。

「1分経ちました」

「もう！　何なのよいったい」

「で、サオリさんは第2問の1分間でどんなことを考えていましたか？」

サオリはその1分間のことを思い返します。

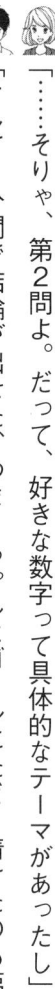

「えっと……〝好きな数字〟っていうテーマがあったから、それについて考えたわよ。こんなことあまり考えたことないけど……とりあえず9月9日生まれだから『9』かな、みたいな。そういえば大学生のとき女子サッカーをやっていて、そのときの背番号も『9』だったし。あ、そしたら自分の年齢のことも頭に浮かんだかかな。今、29歳だから」

「第1問と第2問、〝ちゃんと自分で考えられた〟のはどっちでしたか？」

「……そりゃ、第2問よ。だって、好きな数字って具体的なテーマがあったし」

「そして1分間で結論が出せた、つまりちゃんとゴールにたどり着けたのも第2問のほうだった」

「そうよ。それがいったい……」

サオリが気づいた「当たり前」のこと

「これはあくまでぼくの私見ですけど……何かを考えるときって、まず具体的にテーマを設定するからスタートできるのではないかと思うんですよ。そして、そ

何かを考えるときはテーマを設定する

Q 「数字」について何でもいいので考えてください	Q あなたの「好きな数字」はいくつか、考えてください
テーマが曖昧	テーマが具体的
スタートできない &ゴールもわからない	スタートできる &ゴールも明確
↓ 考えられない…	↓ 考えられる！

れって実は同時にゴールも設定することになります」

サオリはハッとしました。

「確かに……」

「たとえば、ぼくも〝割り算について考えろ〟と言われても意味がわからず、〝割り算の便利なときはいつか？〟であればちゃんと考えることができますし、いくらでも答えることができます」

「要するに、**〝ちゃんと考える〟ためにはまず何について考えるのかをできるだけ具体的にすることが重要**って言いたいのね」

どんな行為にも必ずスタートとゴールがあ

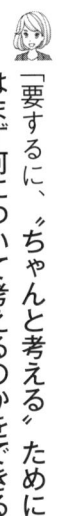

ります。優斗は、考える行為にも当然ながらスタートがありゴールがあること、そして、そのスタートラインでゴールを決めなければならないことをサオリに伝えたかったようです。

「そうです。すみません、当たり前過ぎましたね……」

「そうね……なんて冗談。確かに大事なことだと思う。たとえば私なら、クライアントへのプレゼン内容を考える局面で……」

「クライアントって、お客さんのことですか？」

「ああ、ごめんなさい。そう、お客様のこと。たとえばお客様へのプレゼン内容を考える局面では、プレゼンの何について考えるのかを具体的に定めないといけないってことね。そもそもの目的なのか、プレゼンの骨格なのか、あるいは見せ方やしゃべり方なのか」

列車はちょうど京都駅を出発し、名古屋へ向けて動き始めます。

終着駅の東京までのおよそ2時間。サオリと優斗の会話は、まだ始まったばかりです。

「そもそも、考えるって
何から始めればいいの？」

「ゴールを決めることが
スタートです」

« THINK «

02

「逆から考えろ」ってどういうこと？

いつも上司に言われること

「そういえば〝ゴール〟って言葉で１つ思い出したことがあるんだけど」

「はい、何でしょうか？」

「今の上司がよく言うのよ。『ゴールから考えろ』とか、『逆から考えろ』って。確かに、たまに読むビジネス誌とかでもそんな表現を目にするのよね……でも、いったいどういうことなのか、いまだによくわからないのよ」

「あの、わからないのならその上司の方に聞いてみればいいのでは？」

社会人経験のない学生らしい、素直な意見です。しかし、サオリの表情が曇ります。

「あのね、社会人っていうのはそう単純じゃないのよ。たとえば、あなただっていくら質問したくても、できれば話したくない先輩や先生の１人や２人はいるん

じゃない？」

「なるほど。そういうことですか」

「で、その『ゴールから考えろ』っていう私の上司の言葉の意味、あなたわかる？」

「いえ、ちょっと……」

当然です。しかし優斗は天井に目を向け、何かを考え始めます。そして、10秒もかからないうちに再びサオリのほうに向き直ります。

「でも、数学でも似たような話はあります」

「逆から考える」を教えてくれるゲーム

「へえ、どんな話？」

「たとえばこんなゲームがあります。今から3つの計算問題を出すので、それに答えてください」

「……ちょっと、私は数学が苦手だって言ったじゃない」

「すみません。でも簡単な2ケタの計算です。すぐに終わりますから……」

仕方なく、サオリは優斗のゲームにつき合うことにします。もしかしたら、先ほど優斗に投げかけた疑問を解決するヒントがあるかもしれません。

優斗はノートに問題をさっと書くと（次ページ図）、それを示しながら言いました。

「Q１ではサオリさんの好きな数字である９を使うことにしました。そして、伏せてある○、□、△は、ぼくに聞いていただければ数字をお教えしますので、**最終的にQ３の計算結果を答えてください**」

「なるほど。Q１から順に答えていけばよさそうね……じゃあまず○はいくつ？」

「はい、１です」

「……一応、確認するけど、あなた私をバカにしているわけじゃ……」

「ち、違いますよ！　……とにかく、お願いします」

「は～い先生、『９＋１＝10』で～す」

小学生のモノマネと思われるサオリの答え方に、優斗は唖然としています。

「……では、先に進みます」

「次の□は？」

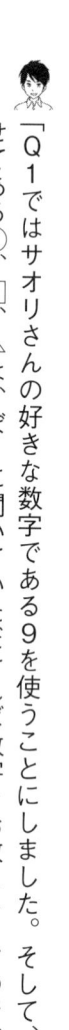

《ゲーム》Ｑ３の計算結果を答えてください

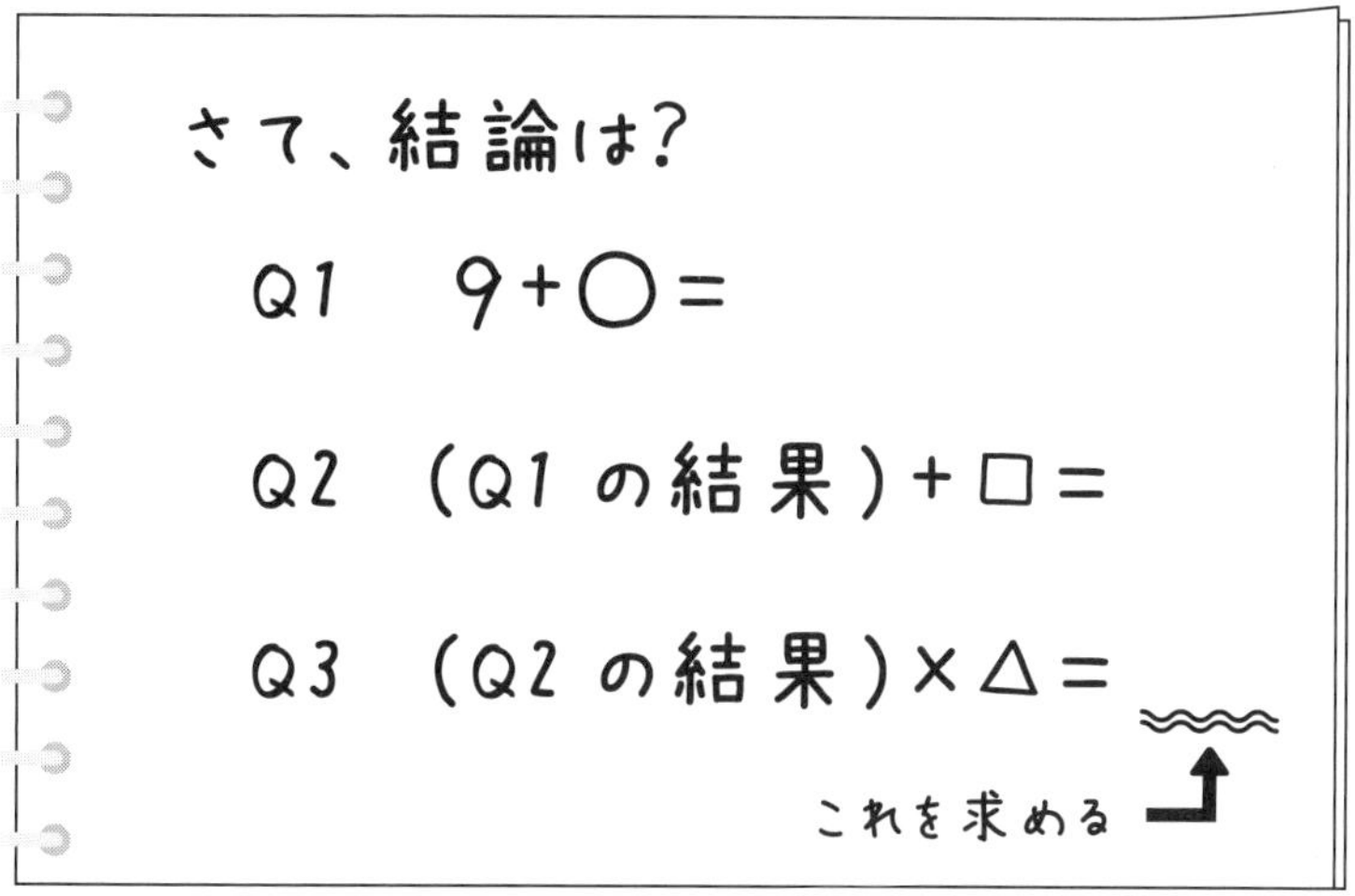

「2です」

「は〜い、『10＋2＝12』です」

「では、最後の△はぼくからお伝えします。△は0です」

「え？」

サオリの表情が変わり、優斗を見つめます。

「12×0＝0」

「正解です」

「……で？」

「え？」

「……だから何なのよ？」

サオリの心情を察した優斗は、すぐに本題に入ります。

「サオリさんは、Q1→Q2→Q3の順に計算をしていきました。つまり、Q1をスタートにし、Q3をゴールと認識しました。ここまでは間違いないですか？」

「まあ、そうね」

「そして、サオリさんはQ1→Q2→Q3にリンクさせる形で、空欄の数字を○→□→△の順番でぼくに尋ねてきました」

「そうよ、当然じゃない」

「もしぼくだったら、逆から質問していきます」

「え？　逆……？」

「そうです。逆です。ぼくだったら、△がいくつなのかを最初に質問します」

次の瞬間、サオリはようやく優斗の言う「逆から」という意味に気づきました。

「**最後は掛け算ですから、もし△が0だったら、1回の計算で結論は0です。**Q1やQ2の計算、つまり○や□の数字がいくつかは、考える必要がありません」

「……！」

「しかし、サオリさんのように○→□→△の順に数字を質問していってしまうと、どうしても3回は計算することになります」

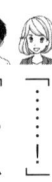

ムダなことをしないために逆から考えよう

〈サオリの場合〉

		考える順（↓）
Q1	9＋○＝	9＋①＝10
Q2	（Q1の結果）＋□＝	10＋[2]＝12
Q3	（Q2の結果）×△＝	12×△0＝0

計算は必ず3回必要

〈優斗の場合〉

		考える順（↑）
Q1	9＋○＝	
Q2	（Q1の結果）＋□＝	
Q3	（Q2の結果）×△＝	（Q2の結果）×△0＝0

計算は最低1回でOK！

「つまり、**スタートからゴールに向かって考えるのではなく、ゴールから逆行して考えたほうがムダなことをしなくて済むこともある**って言いたいのね？」

ムダなことをしないための思考法

「ぼくは数学の問題を解くとき、最初にゴールを把握して、次にそのゴールから逆行して考えるんです。そのほうが、早く答えにたどり着くこともよくあります」

「なるほどね〜。今の話を聞いていて思い出したんだけど、私いつも社内会議の資料づくりにけっこう時間がかかるんだよね……」

「そうなんですか」

「どんな資料をつくろうか、何となく考えながらつくってしまっている気がする」

「それは社会人としてはダメなんですか？　器用な気もしますが……」

「いろいろ考えたあげく、結局は前につくった資料と似たようなものをまたイチからつくったりしちゃうのよ。つまり、同じ作業をしているってことね」

「なるほど。それって二度手間ですし、何だか時間がもったいない気もします」

「まずはつくるべき資料の型、つまりゴールをしっかり決めて、そこから本当に必要な作業が何かを考えればいいのよね。過去に使ったフォーマットやデータはそのままうまく使い、必要な最低限のことだけワークすればいいのかも！」

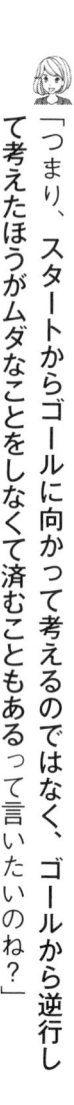

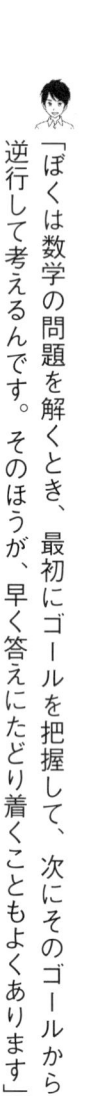

「なんで〝逆から考えろ〟なの？」

「そのほうが、〝余計な考える〟をしなくて済むからです」

THINK

03

要するに、「論理的に考える」ってどういうこと？

「ロジカル」って何？

気がつくと外は雪景色。京都市街の風景とは一変し、雪深い山間部を列車は東京に向かって走ります。

「私の上司ってさ、考えることがすごく好きなの。だから部下にもそれを要求するのよね」

「そうなんですか。でもそれってダメなことなんですか？」

「いや、ダメじゃないけど、私みたいなフィーリングで生きている人間にとっては、上司からの『もっと自分で考えろよ！』ってセリフは拷問に近いのよ……」

「拷問……ですか」

「そういえば、先週も言われたわ。『どうしてもっとロジカルに考えられないの？』だってさ。あ〜もうムカつく！」

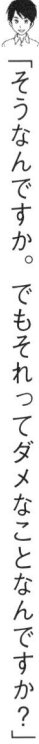

2人のいる11号車に車掌が入ってくるのが見えます。おそらく車内検札でしょう。サオリは話を続けます。

「そもそも、ロジカルって何よ……もう！」

「〝線〟じゃないですか」

「え？」

即答したその意外な内容に、サオリの話はピタリと止まります。

「ぼくはロジカル、つまり論理的に考えるとは〝線でつなげること〟じゃないかなと思います」

「……どういうこと？　サッパリわからない」

「すみません……えっと、じゃあこうしましょう。またぼくのゲームにつき合っていただけますか？」

「また？　もう、しょうがないわね」

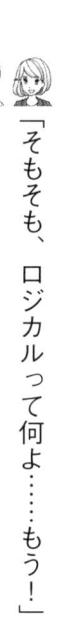

口ではそう言ったサオリですが、実はどんなクイズが登場するのか少しだけワクワクしている自分に気づいていました。

値段をつけるロジックをつくれ

「では問題です。アルミニウム1グラムに、サオリさんのロジックで値段をつけてください」

「アルミニウムの値段？　知らないわよ、そんなこと」

「知識を尋ねているのではないんです。ちょっとでいいので考えてみてください」

「そんなこと言われても……」

文句を言いつつ、サオリは気づいていました。確かに「知識」を答えるだけなら誰でもできます。こういうことが、「自分で考える」ことなのだと。

「10円！」

「なぜでしょうか？」

「私の得意な直感よ！　文句ある？」

「い、いえ。でも、それってその……考えたことになるんでしょうか？」

「……」

優斗の正論に、サオリは言葉を失ってしまいました。

「ぼくの答えを言ってもいいですか？」

「ええ、いいわよ。聞かせて！」

「1円です」

「1円？　どうして？」

「線でつながるからです」

先ほども優斗の口から出てきた、「線」というキーワードがここでまた登場しました。興味が湧いてきたサオリは、優斗に先を促します。

優斗の思考に学ぶ、「ロジカル」の本質

「アルミニウム1グラムの正確な金額は、ぼくも知りません。つまり知識はあり

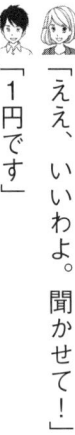

ません。だから、こう考えることにしました。アルミニウムでできていて、なおかつ値段がはっきりわかるものがないかと」

「……？」

「サオリさん、何か思い当たるものはありませんか？」

「優斗くん、モヤモヤするから私に聞かないで早くあなたの答えを教えて！」

「あ、すみません」

優斗は手元のノートにペンで何やら描き始めました（次ページ図）。サオリはその様子をじっと見つめています。

「たとえば1円玉はアルミニウムでできています。そして重さは1グラム。値段はもちろん1円です。つまり、**アルミニウム1グラムと1円玉は線で結べるし、1円玉と1円という金額も線で結べます**」

「……？」

「だから、2つの中間に1円玉を置けば、アルミニウム1グラムという物体と、値段という概念が線で結べることになりませんか？」

「確かに。なるほど、そういうことが言いたかったのね」

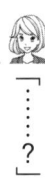

線のない状態、線のある状態とは

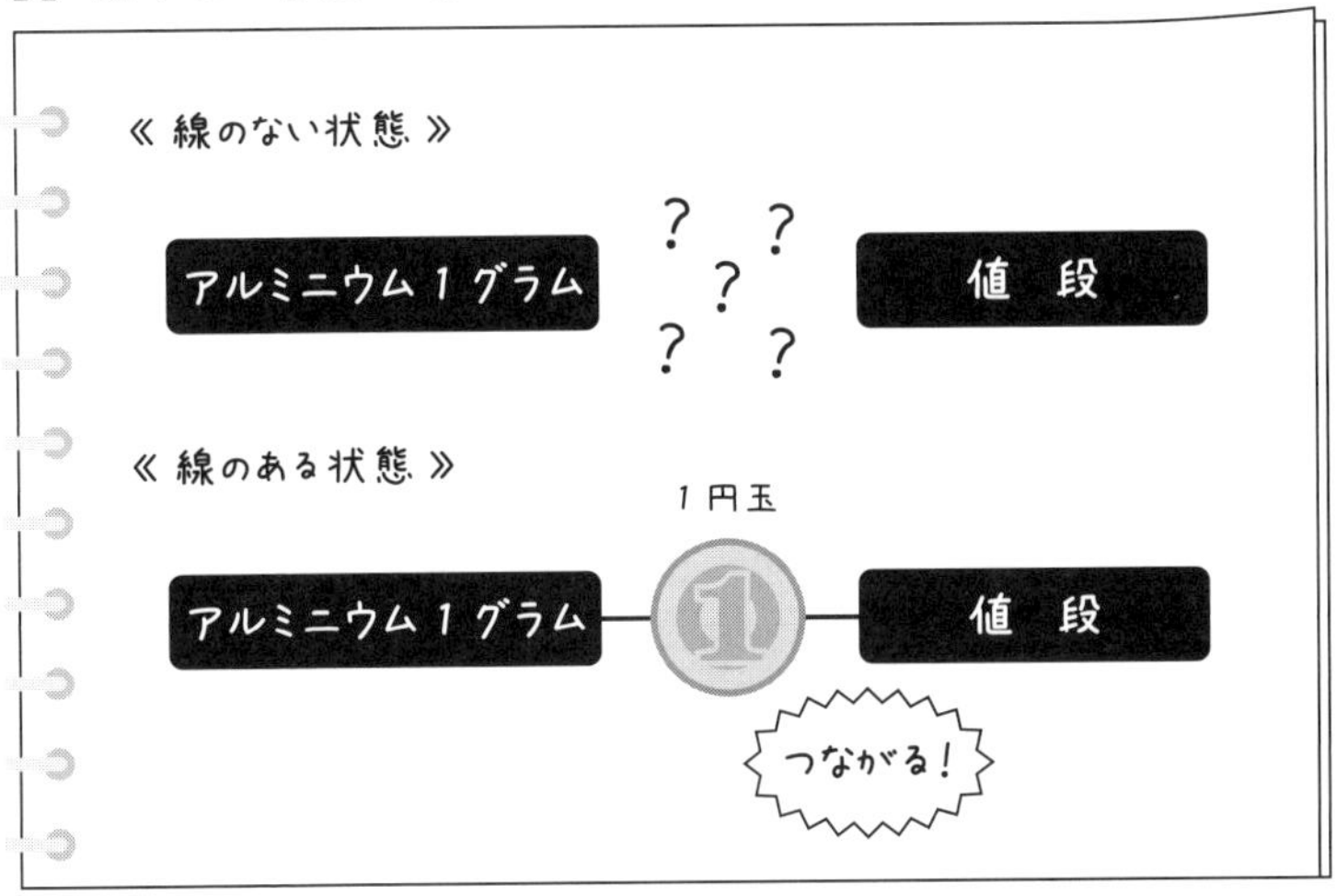

「はい。だからアルミニウム1グラムに1円という値段をつけるロジックができます」

「そっか……さっきの私は、優斗くんの言う〝線〟のない状態でやみくもに考えようとしていたってことね。少し抽象的な言い方だけど、線がないなら線がつくれるような別のものを中間に持ってくれば、それを組み合わせることで考える行為は進むってことか」

サオリは自分の発した「組み合わせる」という言葉で、あることを思い出しました。

三段論法、使えている？

「これっていわゆる**三段論法**と同じことね！　AならばBである、みたいなやつ」

「そうです。AはB、かつBはCならば、それを組み合わせてAはCである」

「確かに優斗くんの言うように、線でつなげているイメージだわ……」

「だから〝線でつなげること〟がロジカルに考えることだって、ぼくは認識しているんですよ」

「なるほどね〜」

「サオリさんがぼくに話しかけてくれたとき、すぐにぼくが理系の学生だと気づきましたよね。これもきっと、ぼくをA、数学の参考書をB、理系の学生をCとして、A－B－Cという線で結んだ結果なんだと思います」

「確かに数学の難しそうな参考書を読んでいるのを見て、優斗くんが理系の学生だと思ったわ」

「三段論法」という言葉だけピックアップすれば立派な理論のように感じますが、その内容は誰もが普段から使う基本的な考え方です。

「ぼくはこの三段論法を大学の講義で学んだんですけど、こういうことって社会人になってからも勉強するんですか？」

「そうね……新入社員のときに社員研修でやった記憶があるわ。確かロジカルシ

三段論法は、“線”でつなげる考え方

Ⓐは Ⓑである → A — B

Ⓑは Ⓒである → B — C

だから、

Ⓐは Ⓒである → A — B — C

（例）

その若者は、数学の参考書を読んでいる　A — B

その若者（A）／数学の参考書を読んでいる（B）

数学の参考書を読んでいる人は、理系の学生だ　B — C

数学の参考書を読んでいる人（B）／理系の学生（C）

だから、その若者は理系の学生だ　A — B — C

その若者（A）／理系の学生（C）

ンキング研修、みたいなやつだったかな？」

「そうなんですか。社会人になってからも必要な考え方なんですね」

「広告会社は、ほぼ企画することが仕事。企画するにはアイデアを出す能力が必要。だから広告会社はアイデアを出せる人が必要、みたいな感じね」

「なるほど」

「……（実は上司がいつも私に言っていることなんだけどね）」

サオリは思わず苦笑いします。

かつて研修も受け、言葉としては知っている三段論法も、いざ使うべき局面でサッと使えなかった自分に少なからずショックを感じていました。

サオリは気分を変えるため、優斗とたわいもない雑談をすることにします。

「話は変わるけどさ、優斗くんには何か好きな言葉ってあるの？」

「好きな言葉、ですか？」

「そう。最近テレビ番組で観たのよ。その人を知りたければ、好きな言葉を尋ねるのが一番だって。その人の価値観がズバリ表現される一言だからって」

「なるほど～。確かにそうかもしれません」

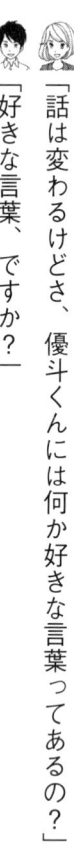

「要するに、論理的って
どういうことなの？」

「一言で言うと、
線でつながっていることです」

しばし考える優斗。サオリはじっと答えを待っています。

「〝考えよう、答えはある〟です」

「えー！　せっかく違う話題にしようと思ったのに、また〝考える〟ですか（苦笑）」

「あ、すみません……でも、考えることが大好きなもので……えっと、じゃあサオリさんの好きな言葉は？」

「よく聞いてくれました。笑わないでよ？」

「え？　あ、はい」

優斗はサオリの言葉を待ちます。

「Don't think. Feel!（考えるな、感じろ！）私にとっては座右の銘よ」

« THINK «

04

どうしていつも「根拠は3つあります」なの？

帰納的に考えるって？

「Don't think. Feel! ……いい言葉ですよね」

「絶対にそう思っていないでしょ」

あまりに真逆な2人の〝好きな言葉〟に、優斗は思わず苦笑い。そして、そんな優斗をサオリはジロリと睨みつけます。

「まあいいわ。とにかく私はこれまで自分のフィーリングで物事を決めてきたことが多かったの。たとえば、どの大学に行くか、とか、どの企業に就職するか、とか。あとは恋愛とかもそうかもね……」

「そうなんですか」

「でも、これから先はそれだけだとマズいのかもしれない……」

その真剣な表情を見て、優斗は黙って視線をサオリから外します。

「ねえ、論理的に考えるってテーマで、ほかにあなたが自然にしていることって何か……」

「あります」

「即答ね！（笑）いったいどんなこと？」

「**帰納的**《きのうてき》に考えることです」

「キノー的？　うまく機能するように考えるってこと？」

「〝機能的〟ではありません。〝帰納的〟です」

優斗は手元の青いペンを使って、正しい言葉をノートに書いてくれました。

「……どういう意味なの？　これ」

「実は先ほどの三段論法のような考え方を、**演繹的**《えんえきてき》に考える、と言うんです。それに対し、帰納的に考えるとは、複数の根拠から結論を示すことです」

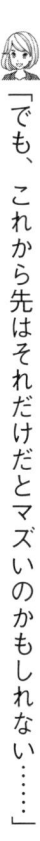

「……何だか難しそうね」

「そんなことはありません。たとえば、そうですね……サオリさんのお友だちの1人が、美味しいと絶賛するイタリア料理店があったとします」

「うん、それで？」

「サオリさんはそのお店に行きたいと思いますか？」

「う～ん、あくまでその友だちの好みだからなぁ……」

「では、もう1人別のお友だちも、そのお店を絶賛していたらどうですか？」

「そうね……」

「さらにもう1人別のお友だちも、そのお店を絶賛していたら……」

「これ、私が〝行く〟って言うまで続くの？」

お笑い芸人のような切り返しに、優斗も思わず笑顔になります。

「線を増やす」イメージを持つ

「でも、これが帰納的な考え方です」

「……？」

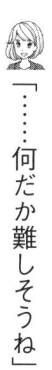

サオリはまだポカンとしています。「もうちょっとわかるように言ってよ」というセリフが顔に書いてあるかのような表情を察した優斗は、少し補足をしようと話を続けます。

「一言で言うと、複数の根拠から類推して結論付ける考え方のことを言うのですが、ぼくはこれを〝**線を増やす考え方**〟というように認識しています」

「線を増やす？　さっきは〝線をつなぐ〟だったわよね。どういうこと？？」

一気に興味が湧いたサオリは、前のめりで優斗に続きを促します。優斗はノートにメモ（次ページ図）を書いてサオリに見せながら、こう言いました。

「たとえば先ほどのイタリア料理店の評価を最大6名にアンケートしたとします」

「うん、それで？」

「図1から図3までの中で、このお店が美味しいと推測できるのはどれですか？」

「……図3かな」

「それはなぜでしょうか？」

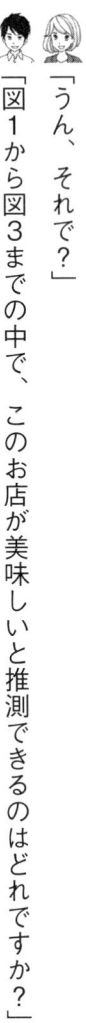

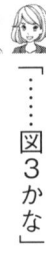

帰納的な考え方とは

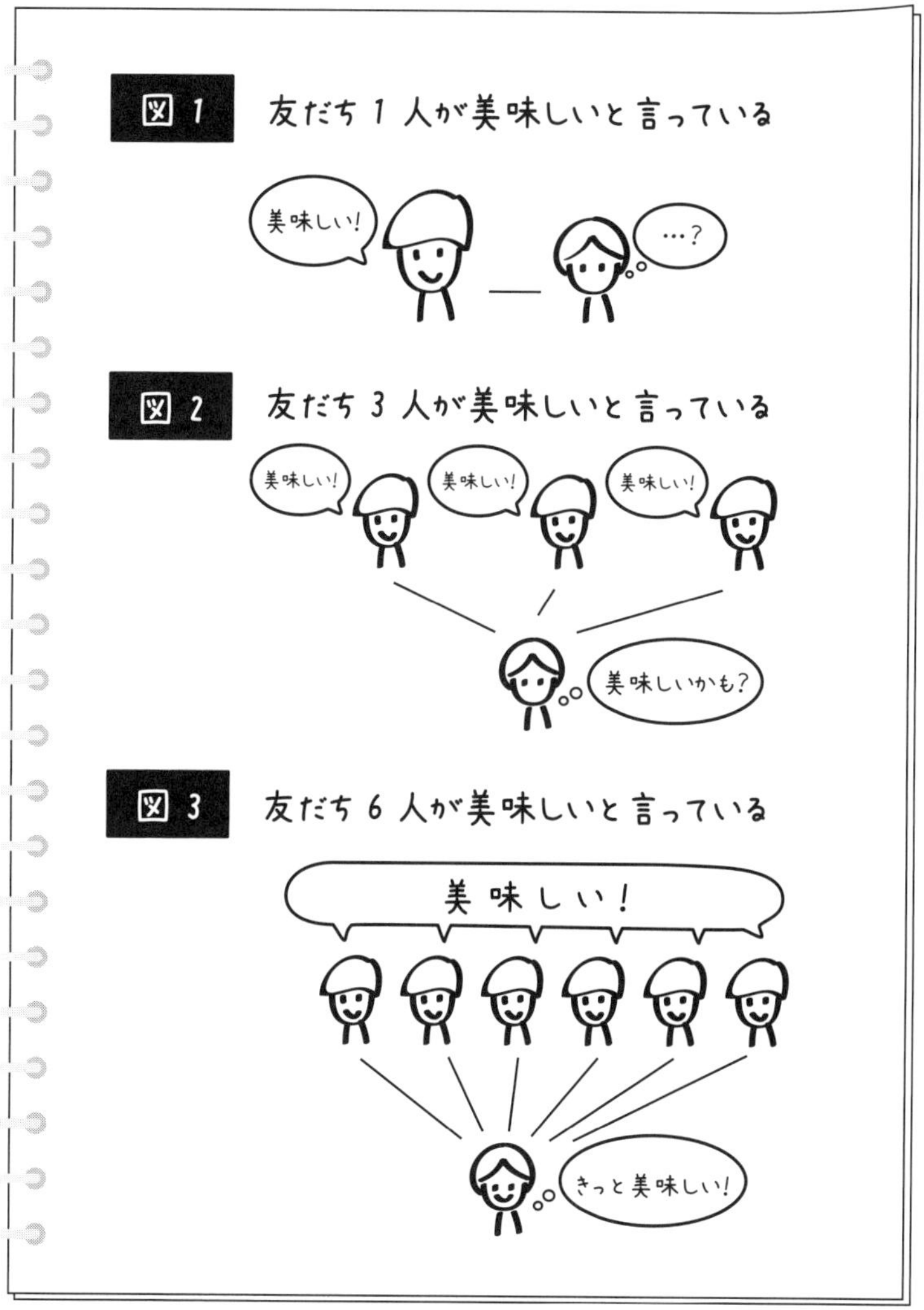
図1
友だち1人が美味しいと言っている
美味しい!
…?
図2
友だち3人が美味しいと言っている
美味しい!
美味しい!
美味しい!
美味しいかも?
図3
友だち6人が美味しいと言っている
美味しい!
きっと美味しい!

「だって、図1は1人しか〝美味しい〟って言っていないわけでしょ？　残り5人が〝美味しくない〟って評価だったら、このお店はあまり美味しくないんじゃないかなって思うのは自然じゃない？」

「なるほど」

「図2も3人だけだと微妙よね。残り3人の意見次第だから何とも言えないかな」

「つまり、結論が出せるケースとそうでないケースの違いは、結論と根拠を結ぶ線の数です。線の数が多いほど納得感があります」

線の数が少ないと結論を出しにくいが、その線の量が多ければ多いほど結論に向かえる、というのが優斗のイメージのようです。

「なるほど、だから『線を増やす』という表現になるのね」

「はい、あくまでぼくのイメージですけど……」

「確かに会議やプレゼンのときとかも、必ず自分の発言に根拠が求められるのよ。1つも線がない状態で『○○です』なんて主張しても、誰も納得しないもんね」

「はい。これが帰納的に考えるということです」

「そう言えば思い出した！　先月も根拠がない主張をついしちゃって……上司に

『ちゃんと考えてから発言して！』ってキツく言われたわ」

「線を増やす」行為をしないまま突っ走ってしまうことが、これまでのサオリには頻繁にありました。「ノリ」と「勢い」のサオリらしいと言えば、らしいのですが。

「だからいつも上司やデキる先輩のプレゼンは、『根拠は3つあります』とか言うのね。結論と根拠を結ぶ線が3つあるんですよ、と言っているわけね……」

「サオリさん、本で読んだことがあるんですけど、やっぱりそういうケースでは〝3つ〟が多いんですか？　ぼくみたいな学生だと、根拠は多ければ多いほどいいんじゃないかなって思ってしまうんですが」

「たいてい3つね。確かに多ければ多いほど説得力は増すと思うけど、ビジネスパーソンは時間がないからね。短時間で納得してもらうためには、説得力ある上位3つくらいをピックアップするのが現実的なのよ」

「なるほど。そういうものなんですか。勉強になります」

まさかの再会

すると、車内検札のため車掌が声をかけてきました。

「あれ？　乗車券どこにしまったかな……」

サオリは上着のポケットを探し、見つからないので荷物棚の上に置いたバッグのポケットを探ります。ようやく見つけた乗車券を取り出し車掌に渡そうとした瞬間……、

「……もしかして、サオリ？」

車掌のその言葉に驚いたサオリは、その顔を初めてちゃんと見てみます。優斗との会話に夢中でまったく気づかなかった、ネームプレートの「上田《うえだ》」の文字。その顔にその声。帽子をかぶっていますが、間違うはずもありません。

「え？　上田くん!?　やだ、上田くんなの!?」

「……ああ。久しぶり」

「……？」

呆気に取られた表情の優斗に気づいたサオリは、車内中に聞こえるくらいの大きな声でこの車掌のことを「学生時代の元カレ」と説明してくれました。

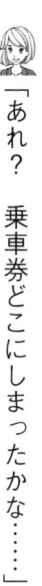

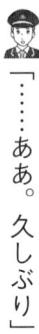

「〝帰納的に考える〟の
メリットっていったい何？」

「複数の根拠から結論を導くので、
説得力があることですね」

COLUMN 1

線でつなげて話す

手前味噌ですが、私の話は「わかりやすい」と評されます。講義を預かる某大学の学生には「なぜこんなにわかりやすく教えられるのか不思議」と言われたことも（笑）。

理由は簡単。論理的に話をしているからです。本編とリンクさせて表現するならば、「線でつなげて話しているから」となるでしょうか。

そのスキルは、プレゼンテーションの先生に学んだわけではありません。かつて夢中になった、数学から学んだのです。

「今の話、なんか飛躍していない？」
「お前のその話、何かこう……腑に落ちないんだよな」
「ん？　もう１回、説明して」

もしこのようなことを言われたら、ひょっとするとそのときのあなたの話は、線でつながっていないのかもしれません。

第 2 章

明日から使える！
ちゃんと議論するための、
考えるコツ

《 THINK 《

01 「整理」ができない私。いったいどうして？

02 少し深くツッコまれると答えられないのはなぜ？

03 ちゃんと議論するための武器が欲しい！

04 「感情論だけ」はもう卒業して、相手を論破したい！

« THINK «

01

「整理」ができない私。いったいどうして？

思い出した「苦い記憶」

「そっか。上田くん、鉄道会社で働きたいって言ってたもんね！」

「ああ、まあな」

「希望通りの仕事に就くなんて、さすがだね！」

「いや、たまたまだよ。そんなことより……」

上田の視線が、サオリの足元へ流れるように動きます。その視線の動かし方に、サオリは「懐かしさ」を感じていました。

「……何？　どうしたの？」

「相変わらずだな～と思って」

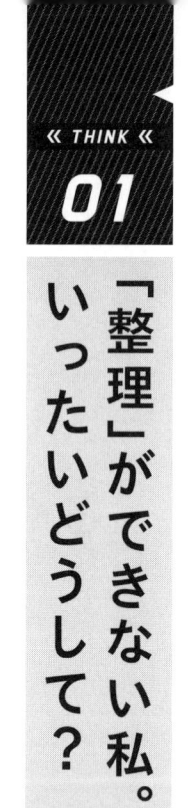

「……え？」

「すぐに靴を脱ぐところとか」

上田は小声でそう言いました。

ヒールのあるパンプスにどうしても慣れることができないサオリは、どこかに座るとすぐにそれを脱いでしまうクセがありました。

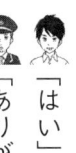

「あっ！（だって〜足が痛いんだもん……男の人にはわからないだろうけど）」

「でも、変わっていないみたいで何だかうれしいよ」

「うん。上田くんも変わっていない気がする」

上田はサオリの隣にいる若者の視線に気づき、我に返ります。

「失礼しました。乗車券を拝見します」

「はい」

「ありがとうございました」

上田は乗車券を優斗に返し、サオリに視線を戻します。

「あ、ごめん。仕事中だよね」

「……また今度ゆっくり」

上田はそう小声で言い、すぐに「車掌」へと戻っていきました。サオリはぼんやり考えていました。上田の「また今度」という言葉はおそらく社交辞令なのだろうなと。

「……」

「あの……いつ以来の再会だったんですか？」

「え？　ああ。大学生のときだから、7年ぶりかな。まさかこんなところで会うなんて、びっくりするわよね～まったく」

優斗は黙って話を聞くことにしました。

「上田くんは頭のいい人だった。勉強はできたし。よく口喧嘩もしたけど、必ず私が負けていたな……（苦笑）」

「……」

「感情と勢いでしゃべる私とは正反対で……ああいうのを、〝論破される〟って言うんだろうね」

「……」

ふと、サオリはある記憶を思い出します。そして、その記憶が2人の会話を意外な方向に展開させていきます。

「ねえ、1つ聞いてもいい？」

「はい」

「〝整理〟って、何なのかしら？」

「え？　整理……ですか？」

「そう、整理」

驚いた表情の優斗を見て、サオリは思わず苦笑いします。

「『何でそんなこと聞くのか？』って顔に書いてある（笑）。でも、今はまだ聞かないで。とにかく、整理って何なのか、優斗くんの考えを聞いてみたいの」

「……」

すると、優斗は突然、手に持っていたノートとペンをサオリに手渡しました。

整理ってどういうこと？

「え、何!?」

「サオリさん、今からぼくが言うことをその紙とペンで整理してみていただけますか？」

「はい？」

「やり方はお任せします。とにかく、サオリさんのやり方で整理してみてください」

「はいはい、わかりました」

面倒くさそうなフリをしながらも、サオリは優斗が今度はどんなことを教えてくれるのだろうとワクワクしていました。

「ではいきます。女性100人に恋愛経験についてアンケートをしました。男性をフッたことのある人が45人、逆にフラれたことのある人が38人でした。また、男性をフッたことのない人の20%が、男性にフラれたことのある人でした」

「ちょっとストップ！」

「……？」

「もしかして優斗くん、私が上田くんにフラれたんだと思ってる？」

「ち、違います！　サオリさん、考え過ぎです（汗）」

「……（ジロリ）」

サオリは、「まあその通りだけど」という言葉をグッと呑み込み、不機嫌なフリをしてごまかしています。

一方の優斗も、問題のチョイスにデリカシーが欠けていたことに気づき、うろたえていました。

「まあいいわ。整理すればいいのね。もう1回ゆっくり言ってみて」

「あ、はい」

サオリの整理

1. 全部で女性100人
2. フッたことのある人 45人
3. フラれたことのある人 38人
4. フッたことのない人の20%が、フラれたことのある人

優斗の問題を聞きながら、サオリはペンを走らせていきます。

「とりあえず、できたわよ。私の場合、箇条書きってイメージね。スッキリ整理されているんじゃない？」

「ありがとうございます」

優斗はその箇条書き（上図）を確認した上で、話を展開していきます。

「では、１つ質問させていただきます。フッた経験もあり、フラれた経験もある人は、何人いたということになりますか？」

「え？　そんな追加で質問するなんて聞いていないわよ～！　えっと……う

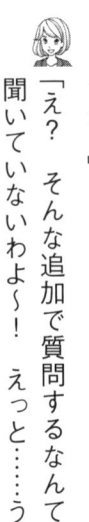

優斗の整理

			フラれた	
			YES	NO
			38人	62人（100−38）
フッた	YES	45人	27人（38−11）	18人（62−44）
	NO	55人（100−45）	11人（55×0.2）	44人（55−11）

フッたことのない人の20%

～ん、ちょっと待ってね……フッたことのない人の20%がフラれたことのある人だから……あ～もう！　やっぱりこういうの苦手」

サオリはわざとふくれっ面になり、「お手上げ」のポーズを取ります。

「箇条書きも確かにスッキリ整理されているとは思います。見やすいですし。でも、ぼくだったらこう整理します」

「……？」

優斗はサオリからペンとノートを受け取り、サラサラと「表」のようなものを描いていきます（上図）。

「できました。これがぼくなりの整理

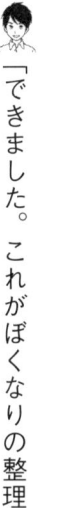

です」

「これは……何の表？」

「整理した結果です」

「いったい何をしたの？」

「はい、今から説明します」

11号車の車内検札を終えて12号車へ向かう上田。今、サオリの頭の中は、目の前にある謎の「表」のことでいっぱい。先ほどまでいた「元カレ」の存在はもうすっかり消えていました。

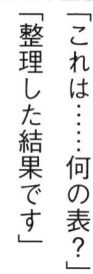

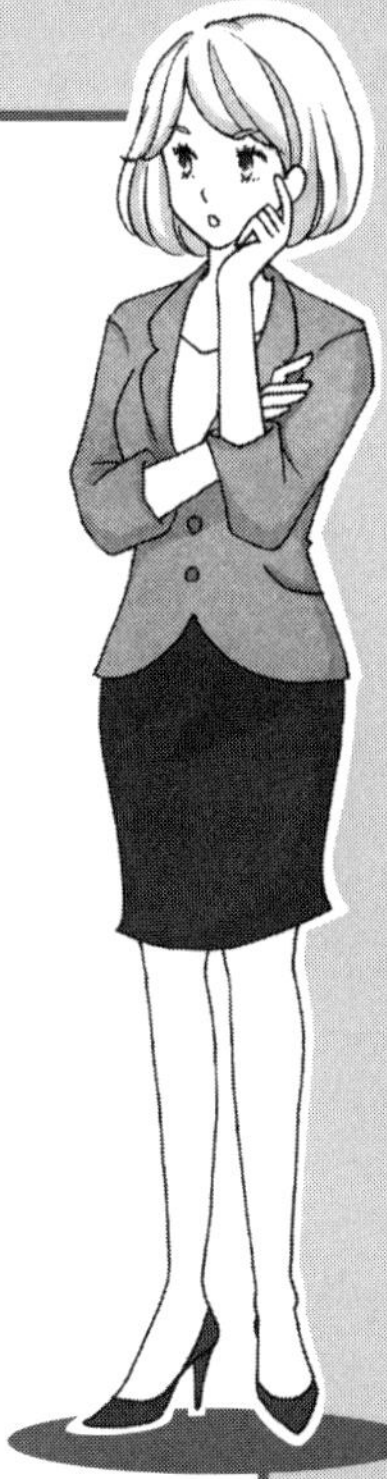

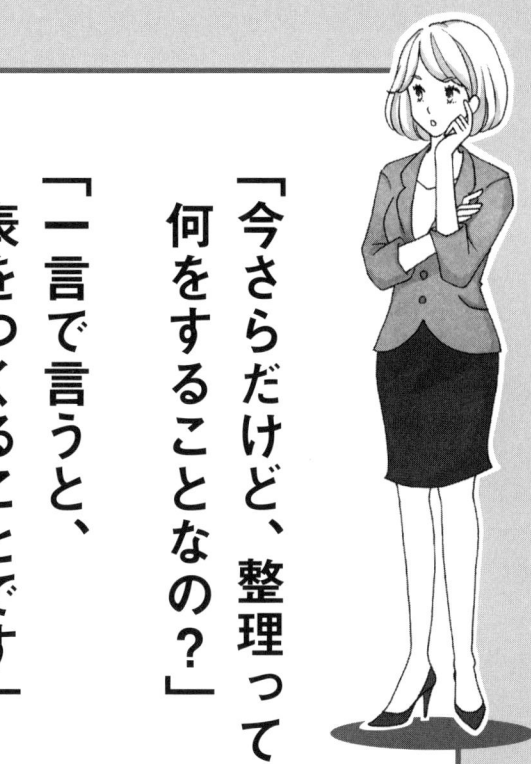

「今さらだけど、整理って何をすることなの？」

「一言で言うと、表をつくることです」

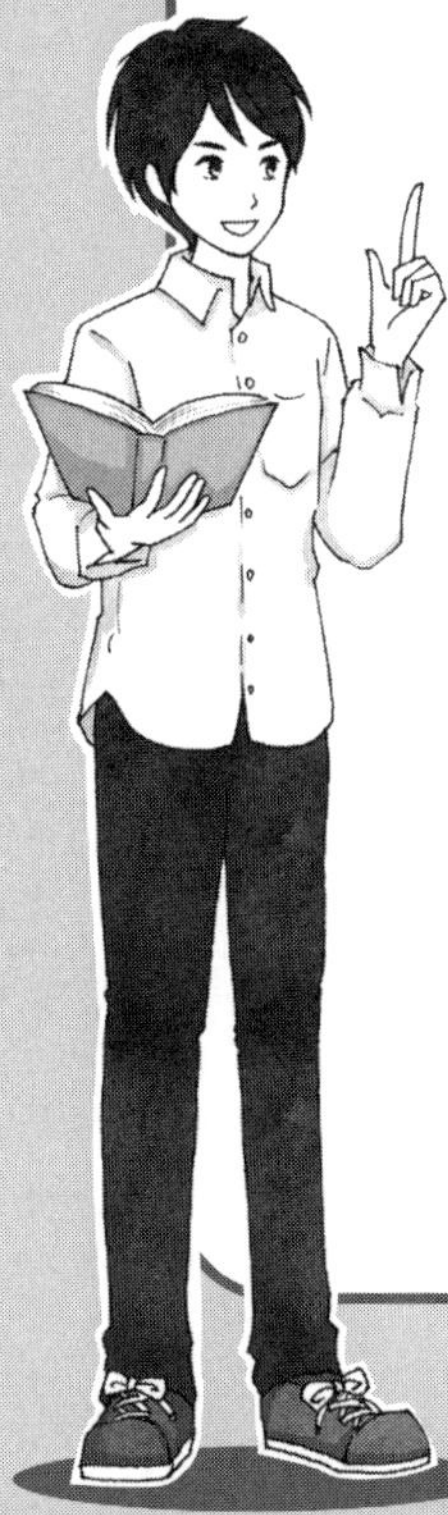

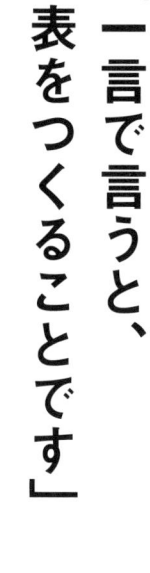

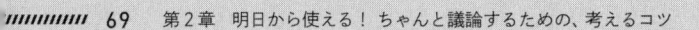

« THINK «

02

少し深くツッコまれると答えられないのはなぜ？

論理的な整理とは

「今回のテーマはフッたという概念とフラれたという概念の2つが登場します」

「まあ、そうね」

「そして、前者ではYESとNOの2つに分けることができます。つまり、フッたことがある（YES）とフッたことはない（NO）の2つです」

「ということは、フラれたという概念でもYESとNOの2つに分けられるわね」

それぞれ2つに分けることができるので「2＋2＝4種類」の数字が存在し、さらにその組み合わせが「2×2＝4つ」あるので、このテーマにおいては全部で「4＋4＝8種類」の数字が登場することになります。

「この表（67ページ）の通り、フッた経験のない人は『100－45＝55人』です。その20％がフラれた経験がある人ですから……」

「55人の20％、つまり11人ね。ということはその隣には『55－11＝44人』って数字が入るのね」

「はい。あとは縦横の整合性が取れるように数字を埋めていくだけです。つまりフッた経験があり、かつフラれた経験のある人は27人です」

「確かにこれもスッキリ整理された状態ね」

「はい。この整理をすれば、突然どんなことを聞かれても答えられます。この問題で登場するすべての数字を表の状態にして書き出せているので」

確かに優斗の言う通りです。しかし、サオリはまだ釈然としません。遠慮なく疑問をぶつけてみることにします。

なぜ「表で整理」なのか

「でもさ、何で箇条書きという発想じゃなく、〝表〟っていう発想が出てくるの？」

「何で……ですか？」

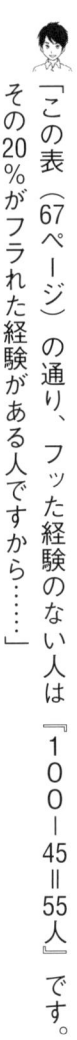

「そう。わかるのよ。優斗くんのやり方のほうがたぶん正解だってことは。でも、私のようなタイプは、それがすぐに頭から出てこないのよ」

「なるほど……」

優斗は「箇条書きではなく表」をどう説明しようか、少し考えます。

「もし整理するためのテーマが1つだったら、サオリさんのしたように箇条書きでもいいと思うんです。たとえば、コーヒーショップのメニューなどを考えてみます。ブレンドコーヒー、アメリカンコーヒー、カフェラテ、カフェモカ、とか」

「うん。まさに箇条書きよね」

「でも、もしサイズまであったとしたらどうでしょうか。ブレンドコーヒーのSサイズ、Mサイズ、Lサイズ、アメリカンコーヒーのSサイズ……といった具合に箇条書きしますか？」

「ううん。表みたいにするわ。それぞれS、M、Lがいくらって感じで」

「そうなんです。今まさにおっしゃったように、**整理するための切り口が複数あるのなら、表にしたほうがスッキリ整理されてわかりやすいんです。**しかも商品名やサイズを繰り返し使う必要がないのでムダがないです」

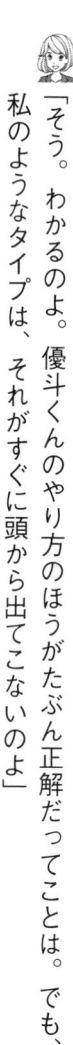

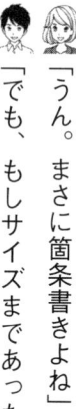

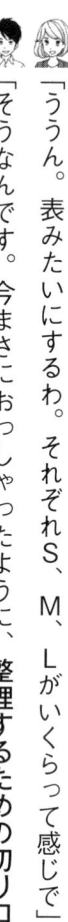

整理の切り口が複数あった場合は

ムダがあり
わかりにくい！

箇条書き

ブレンドコーヒーS	280円	カフェラテS	300円
ブレンドコーヒーM	320円	カフェラテM	340円
ブレンドコーヒーL	360円	カフェラテL	380円
アメリカンコーヒーS	280円	……	
アメリカンコーヒーM	320円	……	
アメリカンコーヒーL	360円	……	

ムダがなく
わかりやすい！

表

MENU	S	M	L
ブレンドコーヒー	280円	320円	360円
アメリカンコーヒー	280円	320円	360円
カフェラテ	300円	340円	380円
……			

「そっか〜！　確かにさっきの問題も〝フッた〟と〝フラれた〟の2つ、整理の切り口があったもんね」

物事を整理する際、必ずしも整理の切り口が1つとは限りません。どんなケースでもスッキリ整理された状態をつくるには、優斗が言うように表のほうが適しているのです。

「ちなみに、この新幹線の座席の埋まっている具合も同じ考え方で整理できます。たとえば1号車なら、A〜Eというアルファベットと1〜13という数字の2つの切り口があるので、箇条書きより表で整理したほうが一目瞭然ですね」

「確かに〜！　実際、インターネットで飛行機の予約とかする際も、こういう画面で空席を確認するもんね」

「整理」できていれば質問に答えられる

「これは、ぼくの考え方なんですけど」

「うん、何？」

「表で整理するって、どこに何があるかを正確に把握するために役立つ気がする

空席状況がすぐに把握できるのはどっち？

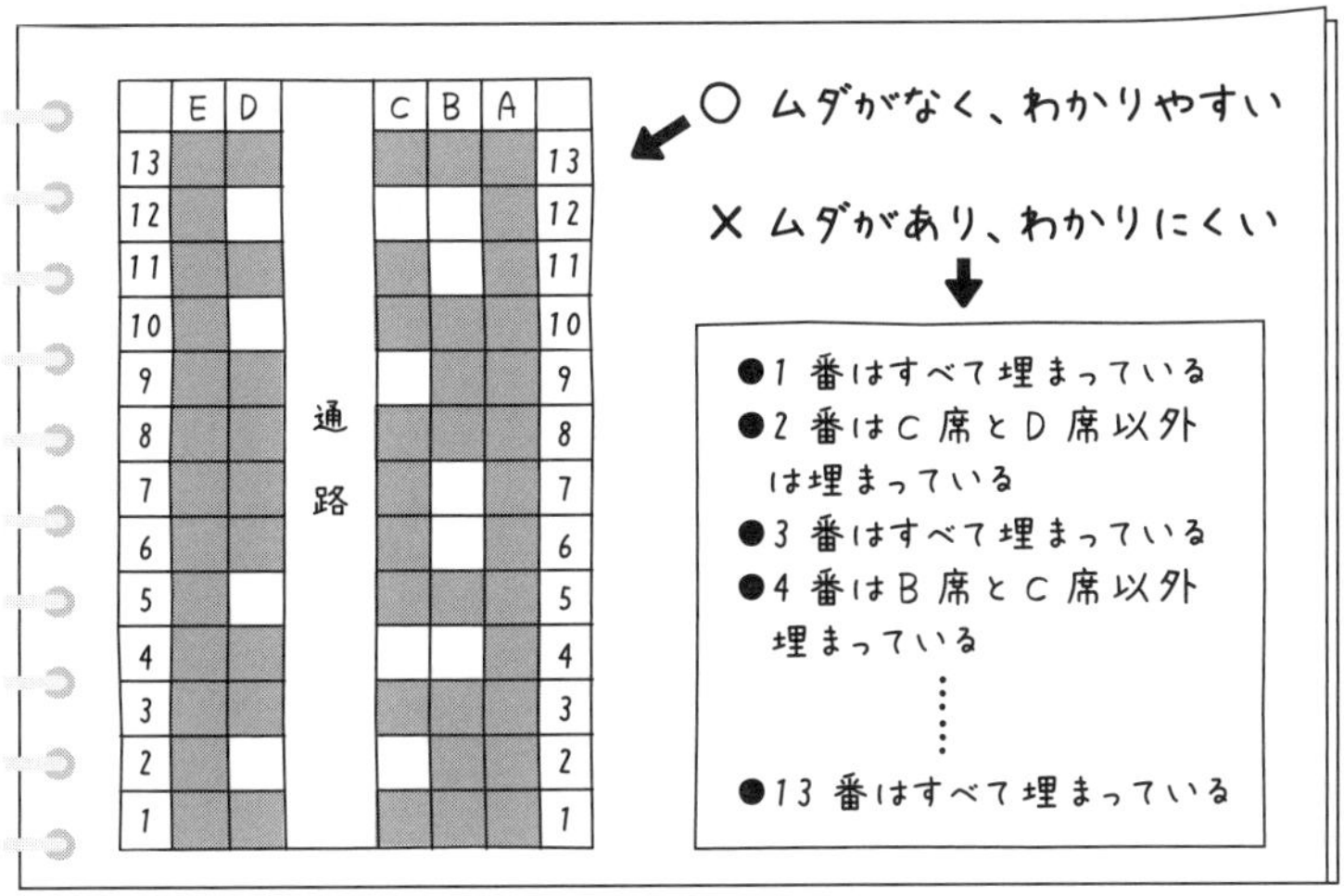

E D C B A
13 12 11 10 9 8 7 6 5 4 3 2 1
通路
○ ムダがなく、わかりやすい
× ムダがあり、わかりにくい
●1番はすべて埋まっている
●2番はC席とD席以外は埋まっている
●3番はすべて埋まっている
●4番はB席とC席以外埋まっている
……
●13番はすべて埋まっている

んです」

「……??」

「たとえば、クローゼットの中に入れる収納ボックスとかも、ぼくから見れば表で整理した状態と同じなんです。春夏の服はここ、秋冬の服はここ、みたいな」

「どこに何があるのか正しく把握できる状態ってことね！」

サオリは無意識に自宅のクローゼットを思い浮かべます。そして、お世辞にも、スッキリ整理された状態とは言えないな……と心の中でつぶやきました。

「表で整理されていないと、いざそれが必要になったときに、すぐに見つけ

られない」

「それ、まさに私のことだわ……『あれ？　あのTシャツどこ入れたっけ？』みたいなこと、しょっちゅうある……」

「実はそう言ってるぼく自身も、たまにあります（苦笑）」

優斗のその言葉に、サオリは少しだけホッとします。

「結局、ちゃんと頭の中が整理されていない状態だと、人はそれが必要になったときにすぐピックアップできないってことね」

「はい。何か探しものをするときに混乱してしまいます」

「だからちゃんと整理できていないと、ちょっと深く突っ込まれたときに答えられない。さっきのフッたフラれた問題のとき、優斗くんに突然質問されて答えられなかったように」

お互いにこれまでの会話を「復習」するかのように、それから2人の会話は2分ほどの間が空きました。

もう「ちゃんと整理して」とは言わせない

「あの……サオリさん」

「ん？」

「1つ聞いてもいいですか？」

優斗は少し躊躇しているようにも見えました。

「は、はい」

「ふふ。『整理って何なの？』なんておかしな質問をなぜしたのかってことね」

クスリと笑い、サオリはありのままを答えます。

「学生時代、さっきの上田くんによく言われたのよ」

「……？」

「論点が整理されていない相手とは、ケンカしても正しいケンカにならないって」

「……？」

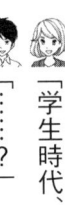

「要するに、言っていることがムチャクチャだから、ちゃんと頭の中を整理してからしゃべってくれってことね」

「……」

「当時の私は何も反論できなかった。だからいつも彼との口喧嘩は私の負け。私の感情論はすべて彼に論破されちゃってたんだ」

優斗は黙って聞くことにしました。

「それを思い出したのよ。だからあなたに聞いてみたくなったの。〝整理って何なのか〟って。でも、ようやくそれがわかった気がするし、ちゃんと整理されていない状態では議論に勝てないってこともよくわかったわ」

「……」

「ちょっと、何か言いなさいよ」

「……あ、はい。えっと……その……」

戸惑って口ごもる優斗。サオリは思わず吹き出してしまいました。

「何で整理されていない状態で
議論しちゃダメなの？」

「頭の中にある〝探しもの〟が
すぐに見つからないからです」

« THINK «

03

ちゃんと議論するための武器が欲しい！

相手の主張を否定するコツ

車内では間もなく名古屋に到着することを伝えるアナウンスが流れています。先ほどまでは気にならなかったその声の主ですが、どうやら上田ではないようです。

「でも、まだわからないことがあるわ」

「……何でしょう？」

「頭の中を整理できたほうが、何を聞かれても対応しやすくなるし、正しい議論ができることは理解できたの」

「はい」

「でも、それだけで議論に勝てるわけじゃないでしょ？」

「そうですね……確かにそうかもしれません」

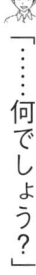

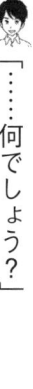

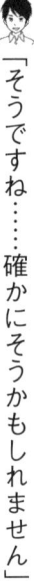

サオリは常に理詰めで攻めてくる上司に、いつも論破されてしまうことを思い出していました。

「たとえば優斗くんだって、数学のゼミのときに議論することもあるでしょ？」

「はい、もちろんです。ほぼ毎日ですね」

「その議論で相手の主張を否定することだってあるわよね。それは違います、みたいな。そのときのコツみたいなものってないの？」

「相手の主張を否定するコツ、ですか。面白いですね……」

サオリ自身はこんな話ちっとも面白くないですが、もしかしたら優斗の話に何かヒントがあるのでは、とつい期待してしまいます。

「2つ、あると思います。まず1つは、〝**反例**〟を挙げるということです」

「ハンレイ？」

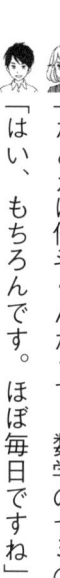

優斗オリジナル「レバニラ炒め問題」

「反例」とは読んで字のごとく、相反する例のこと。なぜ反例が論破するコツになるのでしょうか。

「そうです。たとえば……」

「……？」

「〝レバニラ炒め〟と〝ニラレバ炒め〟、どちらが正しいのかという議論があったとします」

「はあ？」

あまりに突拍子もないテーマ。開いた口が塞がらないとは、まさに今のサオリの表情のことです。

「ですから、レバニラ炒めとニラレバ炒め……」

「わかったわかった。で？」

「はい。**ぼくの主張はレバニラ炒めが正しい、だとします。今からサオリさんにその主張を否定してほしいんです**」

「つまり、優斗くんの主張を否定し、間違いだと結論付けるってことね」

「その通りです。ゲーム感覚で、ちょっとやってみませんか？」

これまで優斗が提案してきたクイズやゲームの中で、初めて「面白そう」と感じたサオリ。快く応じることにしました。

「ではいきますよ。ぼくはレバニラ炒めが正しいと思います」

「ふ〜ん。どうして？」

「はい。レバニラ炒めはレバーが主役の料理だと思います」

「……それで？」

「レバーが主役なんだから、脇役のニラよりも前に出してあげるべきだと思います。そうじゃないと、主役が拗《す》ねてしまいます」

「……プププ。面白いこと言うわね（笑）」

「だから、レバーが先、ニラはうしろ。つまり、レバニラ炒めが正しいのです」

「なるほどね〜。……って、あれ？」

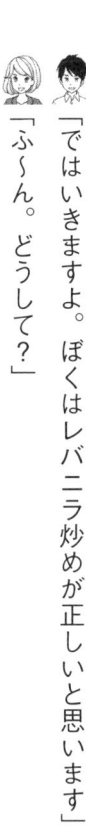

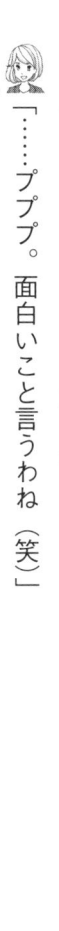

優斗の主張を否定し、「それは間違いだ」と結論付けるゲームであることをすっかり忘れてしまったサオリ。優斗も思わず苦笑いです。

「ネギトロ」を例にして考える

「サオリさん、ダメじゃないですか」

「あはは。ごめんごめん。優斗くんの主張が面白くて。でも、ツッコミどころは2か所あったような気がする」

「いったいどこですか？」

「まずレバーが主役ってところ。ニラが主役だと思う人がいるかもしれないじゃない？　でも、これって個人の主観によるところが大きい気がするのよね」

「はい。ぼくもそう思います。どちらが主役か、という議論で論破するのはちょっと難しいかもしれません」

どうやら、もう1つのツッコミどころがポイントになるようです。2人の会話は熱を帯びてきました。

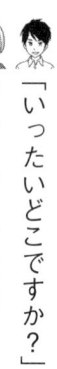

「レバーが主役なんだから、脇役のニラよりも前に出してあげるべき……これね」

「サオリさんはどうやってこの主張を否定しますか？」

「う～ん……でも確かに優斗くんの〝主役が前に〟っていう主張は納得感あるよね。困ったな……」

サオリは閉口してしまいました。

「ダメ！　ギブアップ！　優斗くんならどうするの？」

「簡単です。〝反例〟を出せばいいんです」

「さっきも言ったわよね、それ。ハンレイっていったい何なの？」

「ネギトロです！」

「……」

優斗の意味不明な言葉に、またしても開いた口が塞がらないサオリ。完全に固まってしまいました。

「それ、何かの暗号？」

「す、すみません。ぼくの説明が下手でした。ネギトロはお寿司のネギトロです」

「美味しいわよね。私、お寿司屋さんに行ったら必ず食べるわ」

「そのネギトロですが、ネギとトロでは、どちらが主役でしょうか？」

サオリの表情が変わります。「主役」という言葉の登場に、この会話が重要な局面に差し掛かっていることを察したようです。

「ネギトロの主役は……私が思うに、トロね。お寿司屋さんで出てくるくらいだもん」

「はい、ぼくもそう思います。八百屋さんでは出てきませんし」

「……でも、それがどうしたの？」

「何か気づきませんか？」

優斗はサオリに気づいてほしくて、あえて黙っているようです。次の瞬間、ハッとサオリは表情を変えます。

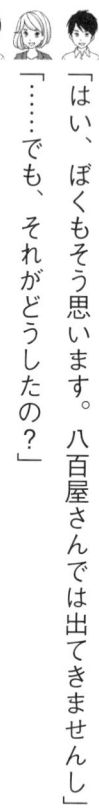

レバニラの論理はネギトロでも同じ？

主役	レバー	トロ
脇役	ニラ	ネギ
名称＝主役＋脇役	レバニラ	トロネギ？

「主役がうしろにいる！」

「反例」は1つあれば十分

「そうなんです。ネギトロは主役であるトロが脇役のネギよりうしろにいます。だとすると……」

「さっきのレバニラ炒めの主張が崩れるってことね！」

主張には必ず論理があります。ならば、その論理に当てはまらない例を1つでも挙げれば、その主張を否定できるのです。

「今の話で登場したネギトロが、レバニラ炒めの主張に反する1つの例です。だから……」

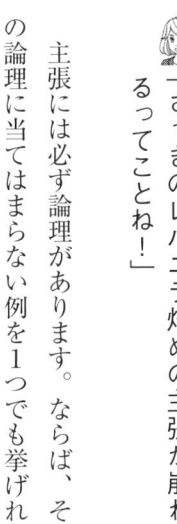

「反例っていうのね」

「はい。**この反例の便利なところは、1つあれば十分ってことです**」

「どういうこと?」

サオリの質問に優斗は少し頭を巡らせ、わかりやすい例を探します。

「たとえば〝10の倍数はすべて5でも割り切れるはずだ〟という主張は正しいと思いますか?」

「え? ……正しいわよね、きっと」

「はい。もちろん正しいです。では、〝3の倍数はすべて5でも割り切れるはずだ〟という主張は正しいと思いますか?」

「……正しくない。だって、『3×2=6』も3の倍数だけど、5で割り切れないから」

「まさにそれが反例ですし、その1つだけで相手の主張を否定できます」

「あ、そっか! 言われてみれば当たり前よね」

サオリの納得した様子に、優斗も表情を緩めます。

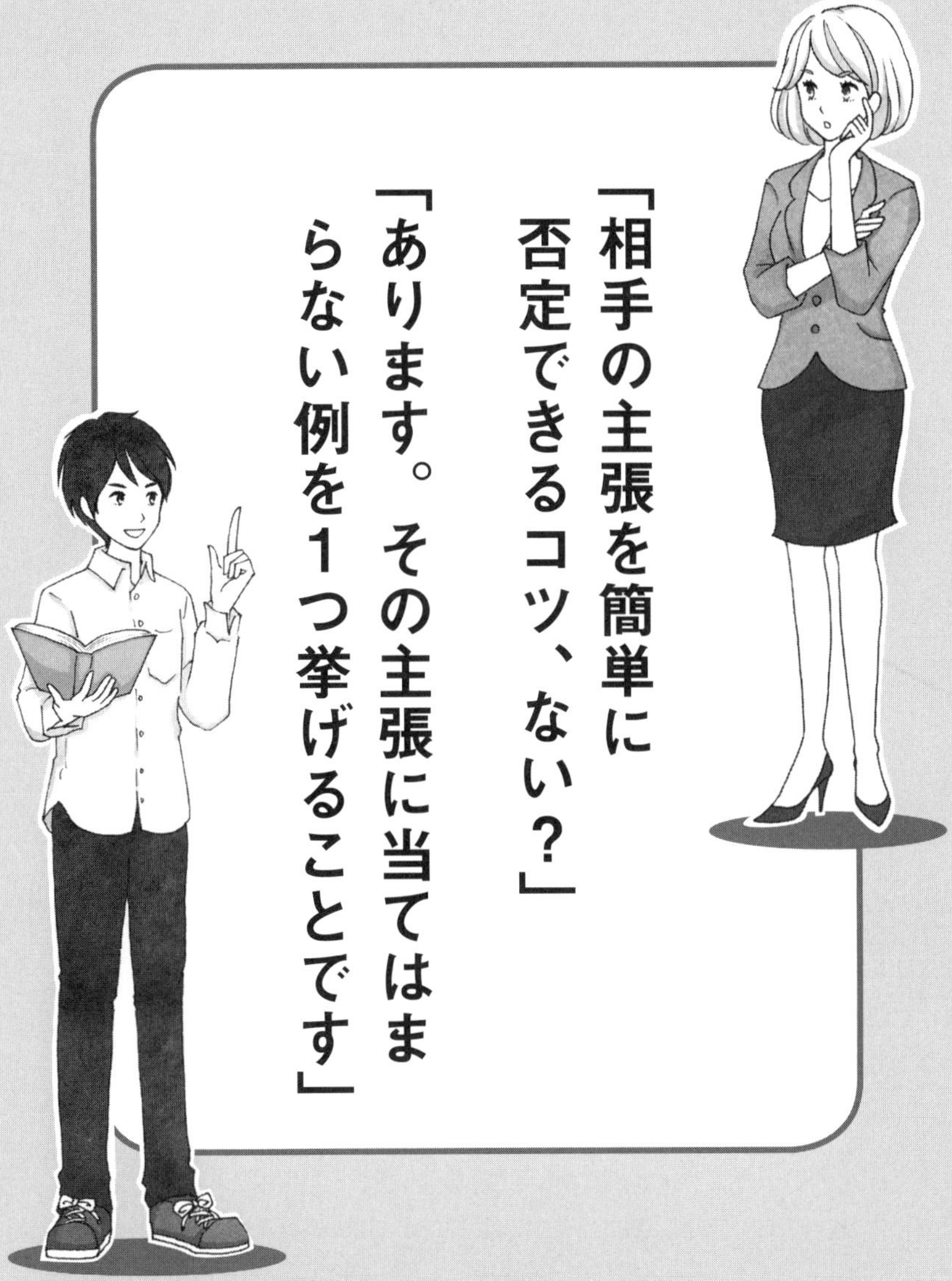
「相手の主張を簡単に否定できるコツ、ない？」
「あります。その主張に当てはまらない例を１つ挙げることです」

数学の専門的な研究に没頭する日々を送る優斗は、これまで中学生や高校生に数学を教える機会はあっても、年上のビジネスパーソンに何かを教えることなど、まったくありませんでした。

「……」

「どうかしたの？」

「いえ、別に……」

「何よ、言ってみなさいよ」

「サオリさんは、ぼくみたいな学生の話でも、すごく素直に聞いてくれるんですね」

「え？　そう？」

優斗は、サオリとの会話を通じて少しずつ感じ始めていました。「もっとこの人と会話を続けたら、逆にぼくも勉強になるかも」と。

« THINK «

04

「感情論だけ」はもう卒業して、相手を論破したい！

「背理法」って何？

「さっき〝相手の主張を否定するコツ〟は2つあるって言ったじゃない？　もう1つは何なのかしら？」

「もう1つは、**背理法《はいりほう》**です」

「ハイリホー？　何かご機嫌な感じね。〝ヤッホー！〟みたい」

サオリの柔軟な（？）発想力に、優斗はしばしば言葉を失います。

「いや、あの……背理法。理《ことわり》に背《そむ》く方法だから、背理法です」

「何だか頭がよさそうではあるけれど……難しそうね」

「そんなことはありません。とっても簡単なことです」

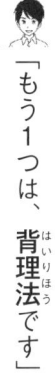

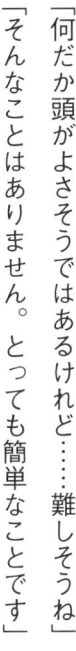

「ふ〜ん」

優斗がまたノートに何かを描き始めます（次ページ図）。優斗の表情は、列車が新大阪駅を出たときとは少し違って何だか楽しそうです。

「あの……説明のために、こんな問題を考えてみていただけますか？」

優斗の主張を論理的に否定せよ

「また恋愛ネタじゃない。ど〜せ今、私はフリーですよ。フン！」

「え？　あ、いや、別にそういう意味では……」

「フフフ、冗談よ（笑）。それで？」

サオリは先を促します。

「この情報から考えると、実際に恋人がいるのはCだとぼくは思います」

「……ふ〜ん、そうなの？」

// 真実を述べているのはC？

Q 優斗の主張を「論理的に」否定してください

前提 A、B、Cの3人のうち1人だけ恋人がおり、その人物だけが真実を述べている。

↓

優斗の主張

「ということは、恋人がいるのはCだと思います」

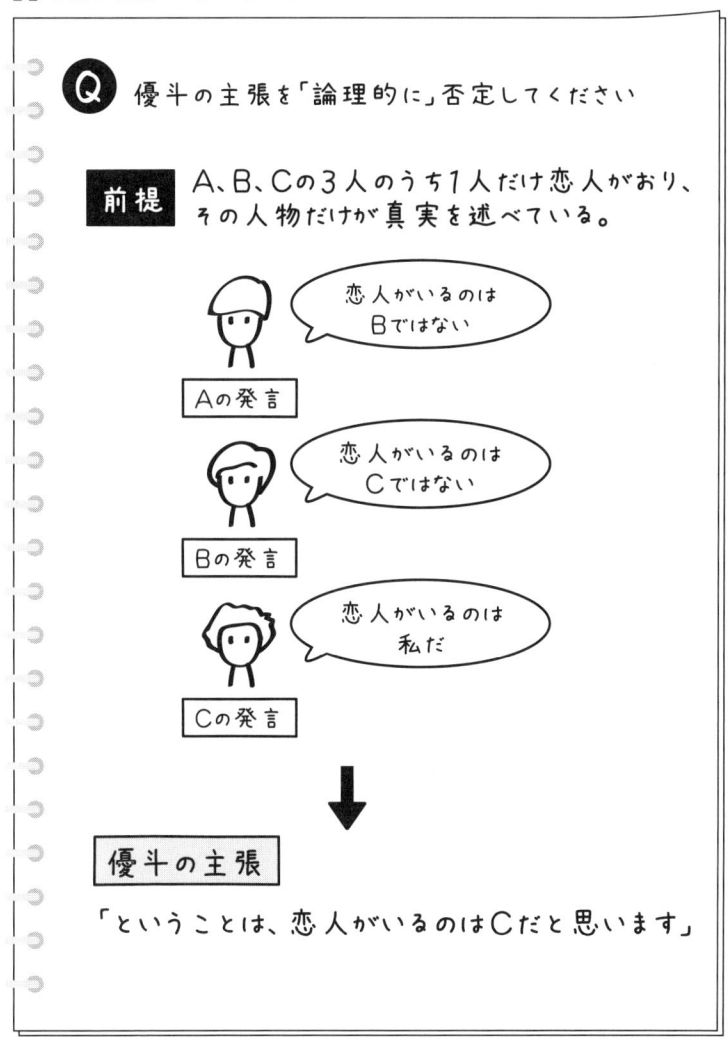

「というぼくの主張を、論理的に否定してみてください」

「なるほど、そうきたか（ニコッ）」

優斗の意図を理解したサオリは、さっそく考え始めます。しかし、1分も経つと集中力（?）が切れたのか、無言でお手上げのポーズになります。

「サオリさん、諦めるの早くないですか!?」

「違うわよ！　は、判断が早いと言いなさい。……で、いったいこれが何なのよ?」

「背理法を使います」

優斗はサオリの持つノートの脇にゆっくりとその3文字を書き込み、説明を続けます。

「まず、ぼくの主張が正しいと仮定してみましょう」

「あなたの主張を否定しなきゃならないのに、正しいってことにしちゃうの?」

「まあ最後まで聞いてください。いったん正しいと仮定します。ということは、真実を言っているのはCだけということになります」

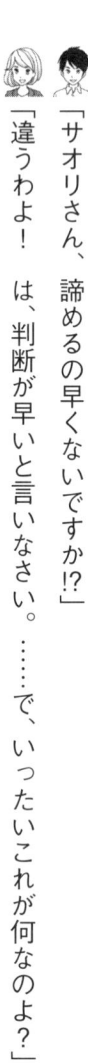

「まあそうね。実際、Cだけが恋人がいるって仮定のもとだから、C自身の発言内容もちゃんと正しいし」

優斗の解説は、いよいよ核心部分に入ります。

「では、Bの発言内容はどうでしょう？」

「Bの発言？〝恋人がいるのはCではない〟は……ウソよね」

「そうなります。ではAの発言内容はどうでしょう？」

「Aの発言？〝恋人がいるのはBではない〟は……これはホントよね。恋人がいるのはCだけだもん」

「おっしゃる通りです。おかしなことが起こっていませんか？」

「え？　おかしなこと……？」

前提に矛盾している！

このケースの大前提は、「真実を言っている人は1人だけ」です。その大前提から考えると、明らかに矛盾したことが起こっています。

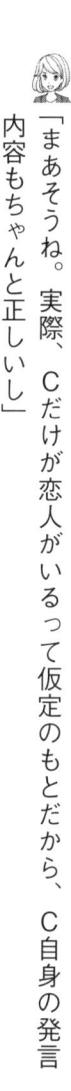

「わかった！　ホントのことを言っている人が2人いる！」

「そうなんです。前提に矛盾してしまうのです。なぜこのような矛盾が起こるのか。それは……」

「優斗くんの主張を正しいと仮定したからね！」

「ご名答です」

「なるほどね～。**ある仮定をした↓前提に背く結論が出てきちゃった↓それはおかしい↓なぜこんなことが起こったか↓ある仮定をしたから↓だからその仮定の内容を否定できる**、ってわけね。おお、これって全部〝線〟でつなげられるわね」

「サオリさん、完璧です！　それを背理法って呼ぶんです」

サオリは初めて「背理法」を知り、優斗の褒め言葉も手伝って上機嫌です。

「そう考えていくと……結局この問題、恋人がいるのは誰だったの？」

「同じように恋人がいるのがAと仮定すると、Bも本当のことを言っていることになって矛盾が生じますが、Bと仮定すれば矛盾は生じません」

「つまり、恋人がいるのはBだったってことね」

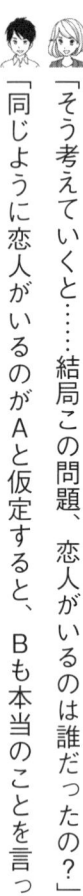

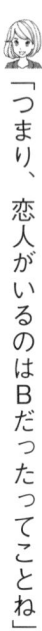

恋人がいるのは（真実を言っているのは）Cだけと仮定

	発言内容	発言の真偽
Aの発言	恋人がいるのはBではない	ホント
Bの発言	恋人がいるのはCではない	ウソ
Cの発言	恋人がいるのは私だ	ホント

↓

「ホント」が2人いる！

↓

前提に矛盾する！

「その通りです」

「OK！　よくわかったわ。さっきの反例を挙げる方法と、今の背理法は仕事でも使える場面がたくさんありそうね」

「そうなんですか。たとえば、どんなときに使えるものなんですか？」

これから社会に出て行く、理系学生の優斗にとっては興味津々です。

「たとえば会議とかディスカッションの場面なら、同僚や後輩の主張することに対して、反例を探してそれを指摘したり、仮にその主張を正としたときにおかしなことが起こらないかを考えて指摘することもできるじゃない？」

「なるほど。ぼくもゼミのディスカッ

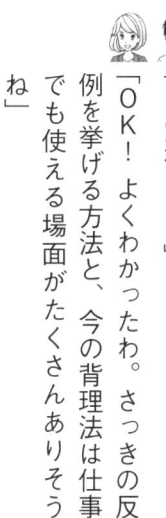

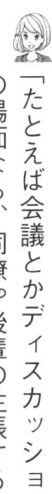

ションで反論するときによく使います」

「たまにテレビで見るけど、政治家が国会で議論しているときも、よく相手の主張に対して何かを指摘しているじゃない？　こういう論法を使っている気がする」

「言われてみれば確かに……。こういう論理的思考って、やっぱり社会人になってから議論の場で使うものなんですね」

「そうね。確かにこういうことができれば、上《うわ》っ面《つら》ではない、ちゃんとした議論ができる感じがするわ（逆にこういうことができないから、『ちゃんと考えて発言しているのか』なんて言われちゃうのね……）」

数学の世界では、正しいことを証明するのはとても大変なことです。なぜなら、たった1つの反例や矛盾も許されないから。しかし、間違っていることを証明するのは実はとっても簡単です。なぜなら、たった1つの反例や矛盾があればいいから。

その思考法は学問の世界だけではなく、サオリのようなビジネスパーソンであっても十分使えるもののようです。

「……」

「どうしたんですか、サオリさん」

「えっ！　何が？」

「いえ。何かちょっと元気ない表情に見えたもので」

「フフフ……そんなことないわよ」

2人の間にしばし沈黙が流れます。

「これまでの仕事もそうだし、元カレの上田くんのこともそうだけど……」

「……？」

「私はちゃんと物事を整理したり、ちゃんと否定したり反論したりする術を知らなかったってことなんだね……」

「……」

「知っていたら、もう少し〝ちゃんとした議論〟ができたのかな……」

「……」

「今さらだけど、何かちょっと人生損していたのかもね、私……」

優斗は何も言わず、外の景色を眺めます。

列車はちょうど名古屋駅に滑り込み、乗客が乗り込んできます。いくつか空席があった11号車は満席になり、再び東京に向かって走り始めます。

「何だか、あちこちで缶を開ける音が聞こえますね」

「そうね、サラリーマンにとって、新幹線での1杯は至福の時間なのよ」

「へぇ、そうなんですか」

「私もノド乾いちゃった！　ねえ、何か飲まない？　私がおごるわ」

11号車に入ってきた車内販売の女性を見て、サオリの表情はすぐに満面の笑みに変わりました。

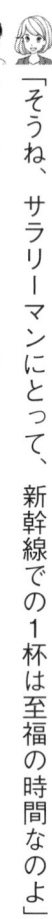

「ほかに相手の主張を簡単に否定するコツ、ない？」

「その主張をいったん正しいと仮定して、矛盾を見つけます」

COLUMN 2

数字や計算だけが数学？

あなたは「数学」と聞くと、真っ先に数字や計算を思い浮かべるかもしれません。

確かに学生時代の数学の授業は「次の方程式を計算しなさい」「次の式を微分しなさい」みたいなものばかりでした。主役は数字や計算と思い込んでしまっても、仕方がないでしょう。

しかし、実はその認識は間違っています。

数学の主役は「論理」です。

論理的に考え、物事の構造を把握し、問題の解にたどり着くための訓練をする学問。それが「数学」なのです。

数字や計算は、その際の「作業」に使うに過ぎません。

事実、第２章で登場した反例や背理法の説明には、数字や計算は登場しませんでした。

もしかしたら、あなたは本書で初めて、数学の本質にほんの少しだけ触れたことになるのかもしれませんね。

第 3 章

優柔不断から卒業！素早く「決める」ための、考えるコツ

《 THINK 《

01 なぜ私は優柔不断なんだろう？

02 判断基準を絞れないときはどうすればいいの？

03 「根拠」を尋ねられると正直困る……どうしたら？

04 「決める」ための究極の方法を教えて！

« THINK «

01

なぜ私は優柔不断なんだろう？

優柔不断から卒業したい！

「すみません。飲みものは何がありますか？」

サオリはやってきた車内販売の女性に尋ねます。胸のあたりにつけられたネームプレートには、「奥田《おくだ》」と書かれています。

「はい、コーヒー、紅茶、緑茶、ジュース各種。アルコールはビール、日本酒、ウイスキー、チューハイをご用意しております」

「じゃあ……えっと、どうしよう。優斗くんはどうする？」

「え？　本当にごちそうになってもいいんですか？」

「もちろんよ。好きなものをどうぞ」

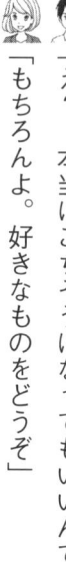

「じゃあ、ホットコーヒーをお願いします」

「かしこまりました」と軽く頷くと、女性販売員の目線は自然にサオリに向かいます。

「えっと〜。じゃあね……う〜ん、どうしよう。悩む」

「……」

「……」

「サオリさんは、アルコールとか飲まないんですか？」

「そうね。あまり飲めないのよ。仕事で気分が落ち込んだときとかは、少しだけ飲むけどね。やだ、ヤケ酒みたいじゃない……」

「……」

「あ、すみません。えっと、じゃあ私もホットコーヒーで」

再び「かしこまりました」と軽く頷くと、奥田は2人にホットコーヒーを手渡します。

サオリは、おつりを数えている彼女を見ながらあることを考えていました。

「……（そういえば私、どうしていつも優柔不断なんだろう……）」

次のテーマが決まりました

「400円のお返しです」

「あ、はい。ありがとうございます。時間を取らせてしまってすみませんでした。私、優柔不断で……」

「いえいえ。とんでもないです。お飲みもの1つで気分も変わりますから、悩みますよね。特に女性のお客様は悩まれることが多いですよ」

「そうなんですか」

「はい、それに実は私も優柔不断ですから。ではごゆっくり（ニッコリ）」

おつりを受け取ったサオリは思わず笑顔でお辞儀をしていました。

「サオリさんは優柔不断なんですか？」

「そう。これも昔からなのよね。何かをサッと決めることが苦手。優斗くんは？」

「ぼくは……おそらく優柔不断ではないと思います。少なくとも、周りからそう言われたことはありません」

サオリの頭の中に、優斗に尋ねてみたいテーマが1つ浮かびました。

そう、何かを「決める」ときに優斗はどう考えているのかということです。

「ねえ、優斗くんはいくつか選択肢があって悩んだとき、どう考えて最終的に選択をしているの？」

「悩んだとき、ですか？」

「あなたのようなタイプがまさか、〝何となく〟ってことはないでしょ？」

「確かにそうですね……一言で言うと、評価方法を1つに決めるってことでしょうか」

「……わかったような、わからないような。何か具体的な例はない？」

「わかりました。では、ちょうど数か月前にあった事例を使いますね」

優斗はまた手元のノートに何かを書き込んでいき（109ページ図）、サオリはその様子を横目で見ながら、コーヒーを一口すすります。

優秀な店舗はどちら？

「秋に学園祭がありまして、ゼミのメンバーで焼きそばの模擬店を出したんです。でも、少し離れた場所で別のゼミの連中も焼きそばの店を出していました。ぼくの所属するゼミの店をA、ライバルの店をBとします。それぞれ売上高、スタッフ数、営業時間はこのような数字でした（次ページ図）」

「うん、それで？」

「今から、**どちらが優秀な店なのかをサオリさんにも考えてほしいんです**」

「なるほど、いいわよ」

「まず、ぼくの意見から。売上が高いのはA店ですから、A店のほうが優秀だと思います」

すかさずサオリが突っ込みます。ビジネス経験はサオリのほうが上です。いくら数字が苦手でも、このくらいのデータから何かを読み取ることは日常茶飯事です。

「ちょっと待って。商売って優斗くんが思っているほど単純なものじゃないわよ」

「……どういうことでしょうか？」

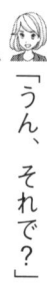

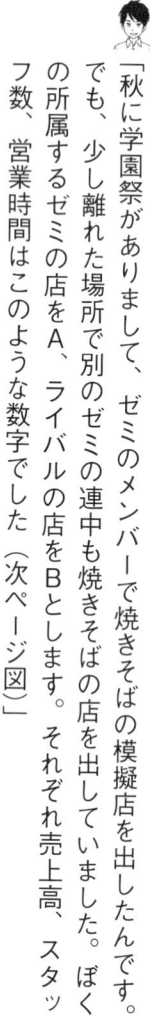

2店舗を比較したデータ

Q 優秀な店舗はAとBのどっち？

	売上高	スタッフ数	営業時間
焼きそば店A	42,000円	5人	10時間
焼きそば店B	40,000円	8人	8時間

「より少ない人数で効率よく売上を稼いだ店舗のほうが優秀って考え方もあるじゃない？」

「なるほど。ということは……従業員1人当たりの売上高を計算して評価すればよいですね」

「そういうこと」

優斗はさっと暗算し、その数字を書き込んでいきます。

「ちなみに、一番右側にある営業時間という数字はビジネス的な観点で言うと評価に使える数字なんですか？」

「……そうね。この数字のおかげで1時間当たりいくら売り上げたのかという数字がはじき出せるから、使えると思うわ」

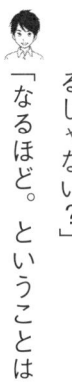

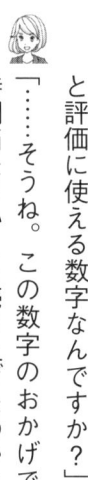

「なるほど。ということは……1時間当たりの売上高を計算して評価すればよいですね」

実はこの議論の展開は、優斗のシナリオ通りでした。いったいこの議論から優斗が何を伝えたいのでしょうか。2人の会話は核心部分に入っていきます。

「サオリさん、ここまでの話を表に整理しました（次ページ図）」

「ええ。やっぱり表で整理されているとスッキリしていて見やすいわね」

「ところで、結局のところA店とB店はどちらが優秀な店舗なんでしょうか？」

「えっ？」

サオリは改めて優斗の整理した表を眺めます。1人当たり売上高で評価するとA店のほうが優秀であり、1時間当たり売上高で評価すると、B店のほうが優秀と評価できてしまいます。

「えっと、確かに一方で評価したらA店だけど、別の評価をしたらB店になっちゃうわね。これは……どう考えたらいいんだろう？」

データから算出した新たな数字

Q 結局、優秀な店舗はAとBのどっち?

	1人当たり売上高(円/人)	1時間当たり売上高(円/時間)
A店	8,400 (Good)	4,200 (Bad)
B店	5,000 (Bad)	5,000 (Good)

一方はAが優秀で、一方はBが優秀

明らかにビジネスパーソンのほうが考える局面も多く、慣れているはずのテーマにもかかわらず、思考が停止してしまったことにサオリは軽いショックを受けていました。

複数あるから、人は迷う

「おそらく、先ほどサオリさんが飲みものを悩まれてなかなか決められなかったのも、これと同じ理屈なんじゃないかなって思います」

「えっ!?　いったいどういうこと?」

優斗もコーヒーを一口飲み込み、軽く咳払いをしてから話を始めます。

「改めてうかがいますが、サオリさん

はなぜ先ほど飲みものを決める際に、あんなに悩んだのでしょうか？」

「それは……今日はちょっとイヤなこともあったし、自分を癒す意味でビールでも飲もうかと思ったけど、でもあなたとちょっと頭を使う話をしているし、もうちょっとそんな話をしたい気もしたから……頭がスッキリするコーヒーのほうがいいかなと思ったり……」

「つまり、決めるための判断基準が〝癒しになる飲みもの〟と〝頭がスッキリする飲みもの〟の2つあったということですよね」

「……まったく違う2つの判断基準でずっと考えていても、決められないって言いたいのね」

「そうです。だから先ほど言ったように、ぼくは何かを選択する場面では評価方法、言い換えれば〝**選ぶルールを1つに決めること**〟を基本にしているんです」

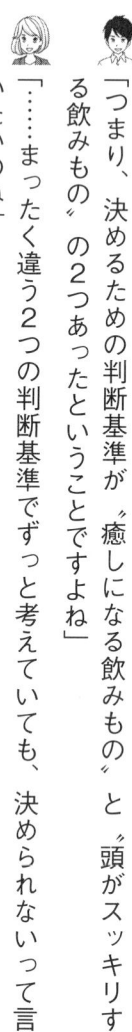

「何で1つに選べないんだろう……?」
「選ぶルールが1つじゃないからです」

« THINK «

02

判断基準を絞れないときはどうすればいいの？

シンプルに考える

車内の電光掲示板には「ただいま三河安城駅を通過中」という文字が流れています。出張帰りのサラリーマンが多い車内では、微かにアルコールの香りが漂っています。

「そっか。選ぶルールが複数あったら、当然、人は迷う」

「はい」

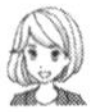

「さっきの例で言えば、1人当たり売上高で評価すればA店という結論になるし、1時間当たり売上高で評価すればB店という結論で議論はおしまいってことね」

「はい。いずれにしても、すぐに〝決める〟ことができます」

「ずいぶんシンプルに考えるんだな」というのがサオリの感想でした。

そういえば上司もよく「シンプルに考えろ」と口癖のように言っていること。最近よく売れているビジネス書のタイトルが『シンプルに考える』だったこと……。
サオリはいろんなことを瞬時に思い出し、自分の中で咀嚼《そしゃく》しようとします。

「優斗くんの言うことはわかるし、その通りだと思うの。でも、どうしても1つの判断基準に絞れないこともあると思うのよね……特に優柔不断な人は」

「……」

「たとえば、もし優斗くんがこんなシチュエーションだったらどうするのか教えて！」

「はい、何でしょう？」

「**2人の女の子から同時に告白されて、どちらか1人を選ばないといけないとしたら**」

「……え？　え？？　何ですかそれ!?」

優斗の顔が真っ赤になります。そんな様子を見て、サオリは楽しくなってきました。

「どちらの女の子もかわいいのよ。そして何よりあなたのことが大好きなの。これって、オトコの夢なんじゃない？（ニヤニヤ）」

「ぼ、ぼくにはよくわかりません……」

「フフフ。さて、モテモテの優斗くんはどうするのかな？　さっきのようなシンプルな理屈で、あっさり決められるのかしら」

「そ、そうですね……確かに判断基準が１つだけというわけにはいかないかもしれません……」

すると、先ほどまで動揺していた優斗の表情が一変し、前方をじっと見据えて考え始めます。スイッチが入ったのでしょう。

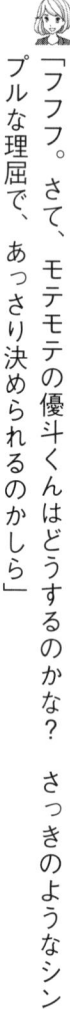

「重み付け」とは？

「重み付けを使いますね」

「……？　オモミヅケ？　絶対に違うとは思うけど……」

「漬け物ではありませんよ」

「……よくわかったわね」

優斗はノートにペンでまたも表のようなものを描いていきます（次ページ図）。その姿

Aさんと Bさんを3つの軸で相対評価すると

	性格	家の近さ	美人度	合計
Aさん	2	7	6	15 (=2+7+6)
Bさん	8	3	4	15 (=8+3+4)

を横目に、サオリは少し冷めたコーヒーをすべてノドに流し込みました。

「たとえば、その2人がどれくらい美人かを相対評価します。具体的には全体を10として数値化するんです。Aさんがちょっとだけ美人だったら、Aさんを6、Bさんを4といった感じです。同じように性格と……」

「プッ！ 家の近さっていうのが、学生っぽくていいわね（笑）」

「だって、会いたいときにすぐ会える距離にいたほうがいいじゃないですか」

曇りのない純粋なその言葉に、「若いっていいな」とサオリは感じていました。

「なるほどね。性格はBさんがすごくいいけど、家が近いのはAさんってことね。でも、この数値だと合計点がどちらも15になってしまわない？」

「はい、そこで重み付けをします。ぼくとしては、この３つの基準はどれも重要なものです。でも、それだといつまで経ってもAさんとBさんのどちらかを選ぶことができません」

「なるほど。だから３つの基準の重要度を決めて無理矢理にでも優劣をつけるのね」

「そうです。無理矢理にでも優劣をつけるのにとても便利な方法が……」

「数値化するってことね」

重み付け評価の使いどころ

「はい。ぼくにとって最も重要度の高い『性格』を×3、次に重要度の高い『家の近さ』を×2、最も重要度の低い『美人度』を×１として数値に重みをつけ、再度計算すると……」

「Aさんが26、Bさんが34。つまりBさんのほうが優斗くんとしては彼女にしたいと結論付けられるわね」

「はい。３つの評価基準をすべて使い、なおかつ重要度も反映させた総合評価な

重み付けをした総合評価

◎優斗にとっての重要度

①最も重要度の高い「性格」→×3

②次に重要度の高い「家の近さ」→×2

③最も重要度の低い「美人度」→×1

	性格(×3)	家の近さ(×2)	美人度(×1)	合計
Aさん	6 (2×3)	14 (7×2)	6 (6×1)	26
Bさん	24 (8×3)	6 (3×2)	4 (4×1)	34

Bさんのほうを彼女にしたい

ので、ぼく自身も納得感があります」

「優斗くん、この考え方は私の仕事でも使えそうだわ！」

「ホントですか？」

実際、この数的操作は重み付け評価といい、ビジネスの現場でも使われています。

ビジネスでは、定性的（数値で表現されていない状態）な議論のままではいつまで経っても大小や優劣をつけることはできません。しかし、定量化（一般的に数値で表現できないとされているものを数値化すること）されたもので議論をするなら話は別です。

「今思えば、何かを決められないのはたいてい数字のない議論をしているときなんだよね。だから、**決める局面では強引にでも数値化して、定量的な議論にしなきゃいけない**ってことなんだ。なるほどなるほど」

うんうんと頷くサオリが言葉を続けます。

「思ったんだけどね」

「はい」

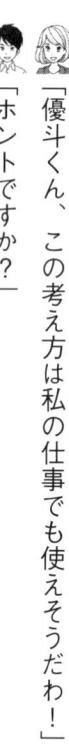

「クライアントにプレゼンするときとか、ウチのサービスと他社サービスの違いを一生懸命説明するんだけれど、気づいたら話が長くなっちゃって伝わっていないっていうことがよくあるんだよね」

「そうなんですか」

「そっか。こうやって数値化して説明すればわかりやすいし、優斗くんが言っていたように〝納得感〟も感じてもらえそうだわ」

「もしお役に立てたならうれしいです」

ところが次の瞬間、サオリが急にニヤニヤし出します。

「ちなみに……（ニヤニヤ）」

「？？」

「優斗くんはこれまで本当にそうやって自分の彼女を選んできたの？　プププ」

「いえ。ぼく……女の子から告白されたことなんて一度もありませんから」

「あ……」

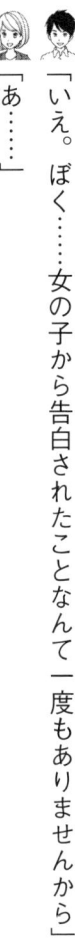

「しまった」と言わんばかりに、サオリはペロリと舌を出しました。

正解がない中で「決める」

「逆にサオリさんにお聞きしたいのですが、いいですか？」

「変な質問をしちゃったお詫びに何でも答えます（苦笑）」

優斗も少し冷めたコーヒーを飲み干します。

「1つ興味があるんですが、実際ビジネスの現場ではさっきのようなA店とB店のデータがあったら、結論としてどちらを優秀と判断するんでしょうか？　つまり、〝1人当たりの売上〟と〝1時間当たりの売上〟はどちらが重要な数字なのかなと思いまして」

「なるほどね。つまりどちらの評価により重み付けするのかってことよね」

「せっかくの機会なので、社会人の先輩に教えていただきたいなと」

確かに学生である優斗にとっては、先輩であるビジネスパーソンたちがこのような問題をどう「解く」のか、関心があるのでしょう。

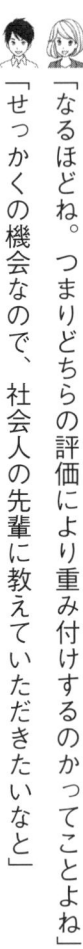

「どうしても選択に迷ったら、
何をすればいいの？」
「究極の方法は、その選択肢を無理
矢理にでも数値化することです」

「たぶん、優斗くんの期待している答えはないと思うよ」

「……と、言いますと？」

「一言で言うと、ケースバイケースなんだよ。ビジネスによって人的な効率と時間的な効率は重さが違うと思うな」

「そうですか……ということは、すべてのケースに当てはまる数学的な公式のようなものはないんですね」

「ないない（笑）」

よく考えてみれば当然のこと。そんな万能な公式や方法論があれば、誰もビジネスで「決める」ことに苦労せず、成功していることでしょう。

「だから『ビジネスの世界では正解がない』なんて言われるんですね」

「そう。あなたが今やっている数学には、必ず問題に対して正解があるもんね」

「はい。学問とビジネスはだいぶ違うんですね……」

「正解がないからこそ、無理矢理にでも決める力が大事なのかも……」

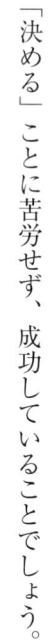

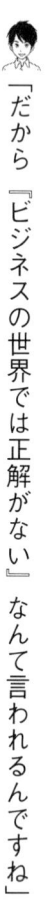

《 THINK 《

03

「根拠」を尋ねられると正直困る……どうしたら？

どこかで会った気がする……

「飲み終わった？　一緒に捨ててくるね。ついでにお手洗い」

サオリは空《から》になった2つの紙コップを持ち、ゴミ箱のあるデッキに向かいます。コップを捨て、トイレを済ませて座席に戻ろうとすると、ちょうどデッキで携帯電話を使って話をしている40代くらいの男性の声が聞こえてきました。

「そうそう、例の件。進捗どうなのよ？」

ストライプの紺ジャケットにジーンズ。そして、ずいぶんと高そうな革靴。

「それじゃダメだね。考えが浅過ぎる。あのさ、いつも言っていることだけど、

逆の発想してほしいんだよね……誰もが左を向いているときに、お前も左を向いていたらダメだろ。そういうときこそ、右を向けよ」

ずいぶんと偉そうにしゃべるこの男性。どこかの社長でしょうか。いずれにせよ、洗練されたその姿には「デキる人っぽい雰囲気」と「お金をかけている感」があります。

「そう、頼むよ。明日の朝イチまでにアイデアをまとめといて。お前の仕事は作業じゃなくて考えることだぞ。じゃあよろしく」

サオリがついじっと見てしまったため、その視線に男性が気づきます。「ん？」と言わんばかりの表情。気まずくなったサオリは軽く会釈をして、デッキを去ります。

「……？（あの人、どこかで見たことあるような……いや、気のせいかな……いや、絶対どこかで見たことある！　誰だっけな……）」

そんなことを考えながら、モヤモヤした気分でサオリは座席に戻ります。しかし、優斗の「おかえりなさい」という一言で、そのモヤモヤは消え去ってしまいました。

ほかに「決める」コツってない？

「……どうかしたんですか？　難しい顔していますけど」

「え？　ううん、何でもない。ねぇ、さっきの話の続きだけどさ」

「はい、何でしょう？」

「優柔不断」から卒業するための重要なヒントを得たサオリ。しかし、この「決める」というテーマにおいて、優斗に聞いてみたいことは、ほかにもありました。

「〝説得力ある決め方〟ってほかに何かある？」

「……説得力ある決め方、ですか？」

「そう。ここまでの話って、とても重要なことだったと思うわ。でも、ビジネスシーンでは決めたことに対して第三者、たとえば上司や部下に説明し納得してもらわなければならないのよ」

「つまり、何かを決めるという行為が自分の中だけで完結できるものじゃないってことですか」

「そういうこと。自分で決めればそれでいいってわけにはいかないのよ」

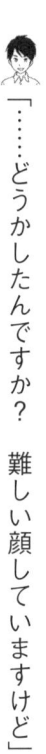

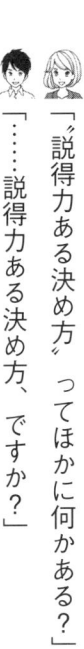

確かにビジネスは多くの人を巻き込み、動かすことで進むもの。ならば、何か1つに決めたことに対して、論理的な理由付けは必ず必要になるはずです。

「そっか。ちょっと面倒くさいかも……社会人って、やっぱり大変なんですね」

「フフフ、そうなのよ〜。きっと優斗くんもそこはかなり苦労すると思うな」

「はい、ずっと学生でいたい気分になってきます……」

「あら、私もしかして1人の若者の可能性をつぶしちゃったかしら（苦笑）」

2人の顔に笑みがこぼれます。この会話はそろそろ本題に入るようです。

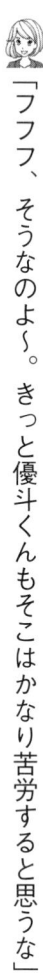

「説得力ある決め方、ですよね」

「そう。さっきの重み付けの話は決める際の根拠として使えるし説得力もある。ああいう武器が、ほかにも欲しいなって思うのよね」

「ありますよ」

「え？　ホント？」

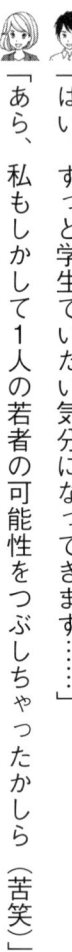

「消去法」を使っていますか？

優斗の言葉に、サオリの心は躍ります。

「どんな考え方なのか、ぜひ教えて！ でも、わかっているとは思うけど〝ナンチャラカンチャラ思考〟みたいな難しいやつは無理よ」

「大丈夫です。とても簡単です。小学生でもわかります」

「私は小学生レベルですか……」という言葉を呑み込み、サオリは先を促します。

「どんな考え方なの？」

「はい、**消去法**です」

「消去法？ ずいぶんとまた簡単な……」

優斗の言うように、「消去法」とは確かに小学生でもわかる概念です。しかし、まだサオリの頭の中で「消去法」という言葉と「説得力ある決め方」というテーマがリンクしません。

「これまでみたいに、私がわかるような問題を出してみて！」

サオリは「問題」を自ら要求しました。そんなサオリの言葉に優斗も少しうれしくなり、軽く頷きます。「わかりました」と言って、優斗がノートに書いたのは、次ページのような問題でした。

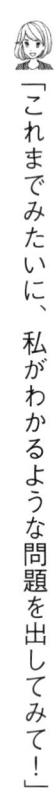

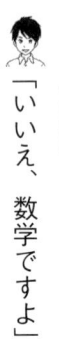

「なるほど～。新サービスをリリースすべきか否か、まさに決めなければならない局面ね。しかも、当然その根拠も必要なテーマよね」

「はい」

「ねえ、何だかちょっと企業戦略の話みたいに感じるんだけど……これって数学の問題じゃないわよね。どこでこんな勉強したの？」

「いいえ、数学ですよ」

「……？？」

優斗は数学の比較的新しい分野に「ゲーム理論」と呼ばれるものがあること。それがこ

どう考えて結論付ける？

Q A社が1年後に新サービスをリリースするべきか、悩んでいます。その理由は、ライバルであるB社も似た新サービスをリリースするかもしれないから。
さて、あなたがA社の意思決定者だとしたら、どう考えて結論付ける？

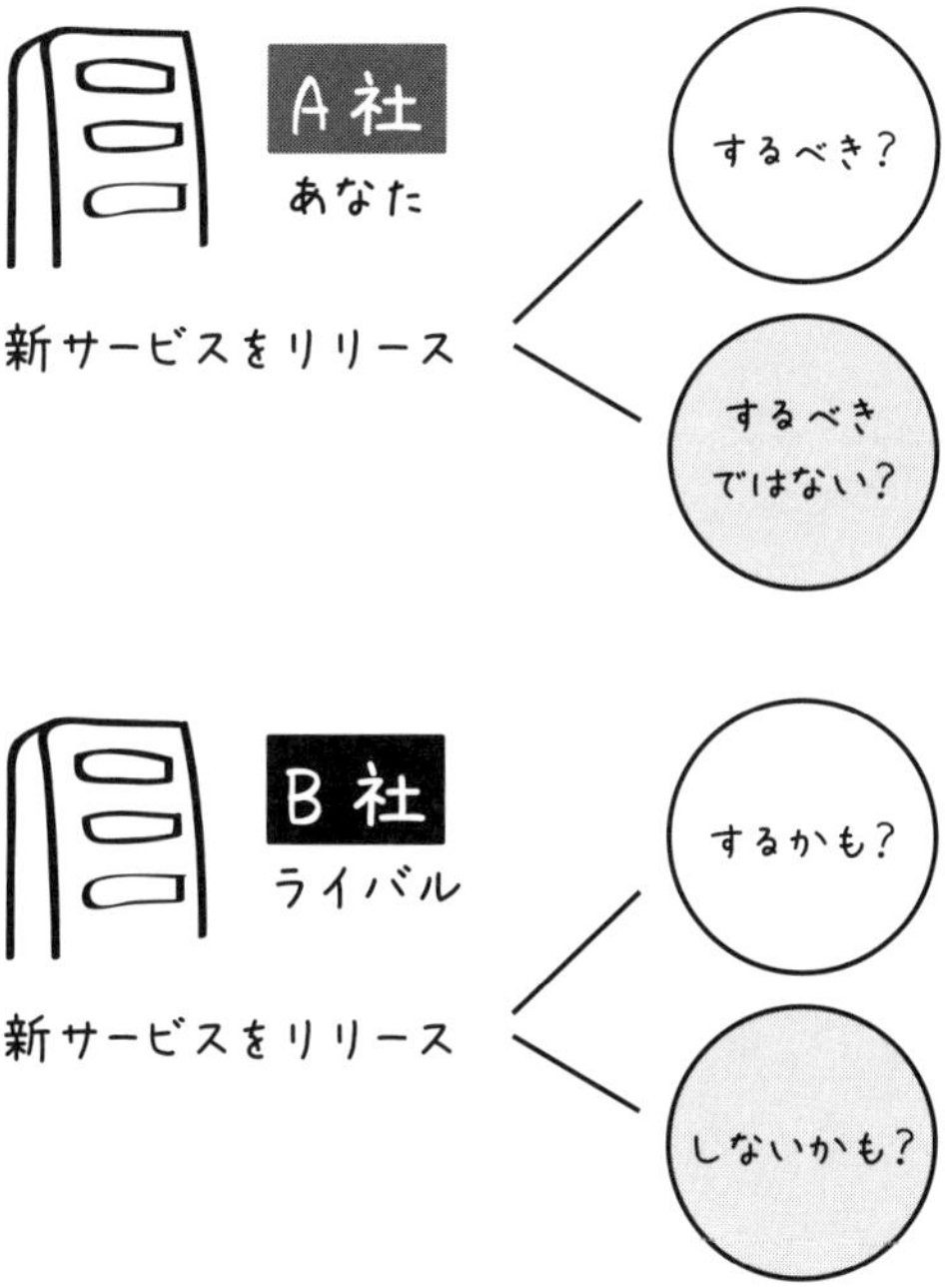

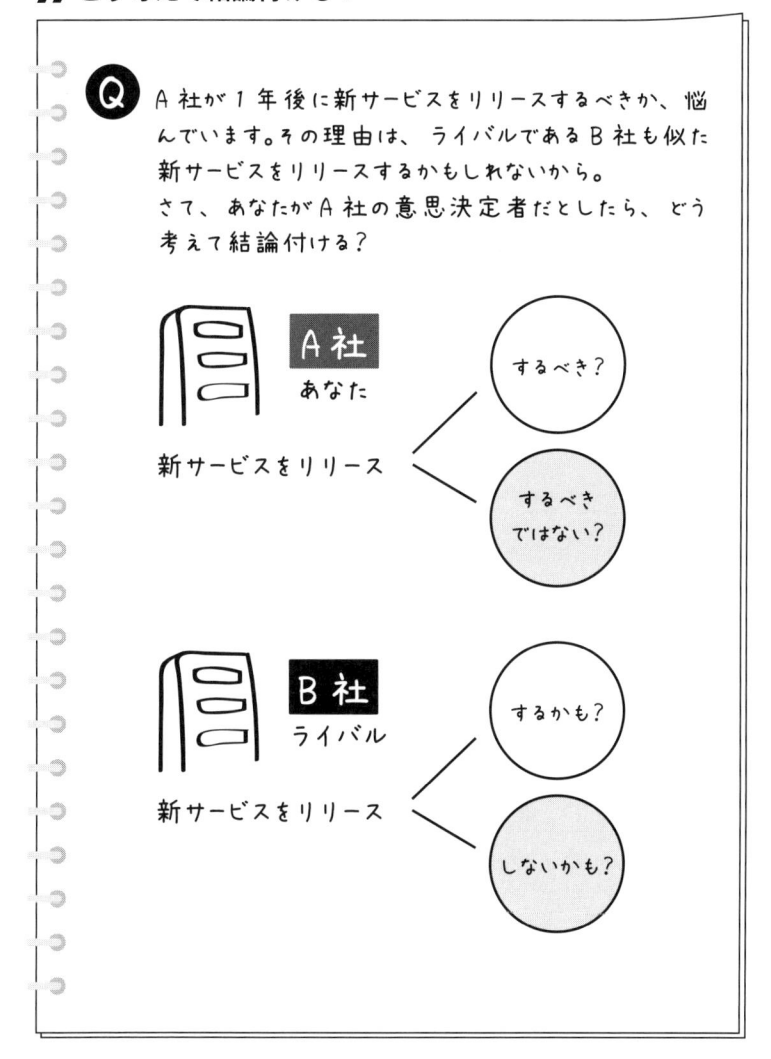

のように企業戦略にも応用できること。そして優斗の問題はそのごく基本的なエッセンスを使うことを説明します。

ゲーム理論とは、戦略的意思決定に関する行動を数学的にとらえる理論のことです。

「ふ～ん、ゲーム理論。スマートフォンのアプリとかにあるゲームとは違うのよね」

「そうですね。なぜ〝ゲーム理論〟という名前なのかはきっとあとでわかると思いますよ」

はたして、この問題からサオリはいったい何を掴むのでしょう。

時刻はすでに19時を過ぎたところ。新大阪を出発してから1時間以上が経ちました。

2人を乗せて、新幹線は次の停車駅である新横浜に向けて走り続けます。

「決めたあとの〝説明する〟が
うまくできないの」

「説明のときは、小学生でもわかる
〝消去法〟が便利です」

≪ THINK ≪

04

「決める」ための究極の方法を教えて！

再び「表」で整理する

「まずはサオリさんの考えを聞かせてください」

「これってさ、B社がリリースするなら、A社もリリースしないとマズいし、B社がリリースしないのなら……」

「しないのなら……？」

「あれ？　そのときもA社はリリースすることになる？　ん？？」

優斗はニッコリ笑い、ノートとペンをサオリに手渡します。

「サオリさん、こういうちょっとした混乱状態にある局面でするべきことは……」

「……そうだ！　整理する!!」

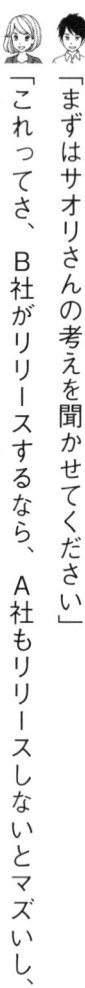

「はい。ちょっとやってみませんか？」

「そうね。整理するとは〝表をつくること〟だったわね」

サオリはこの問題の構造を把握するため整理を試みます。そのために「表」を描くことが有効な手段であることは、すでに理解できていました。しかし……、

「えっと……整理しなきゃいけないのはわかっているんだけど何から描けばいいんだろう……」

「サオリさん。さっきぼくが出した恋愛経験アンケートの問題、覚えていますか？」

「ええ。確かフッたとかフラれたとか……」

「はい。あのとき、ぼくがどんな表をつくって整理したか、思い出してみてください」

サオリは少し前の記憶をたどります。サオリ自身は「整理すること＝箇条書きすること」だと認識していました。しかし、そのあと優斗が描いたものは……。

「思い出した！　フッたという概念でYESとNOの2つ、フラれたという概念でもYESとNOの2つ、だから……」

「そうです。では、今考えている企業戦略の話はどうしましょう？」

「そうかそうか。な～んだ、簡単なことじゃない」

サオリは急に上機嫌になり、サッと表を描き文字を書き込んでいきます（次ページ図）。

ゲーム理論を体験する

「できた！」

「では、ちょっと説明していただけますか」

「もしA社もB社もリリースしたとしたら、同じマーケットを2分することになると考えれば、言わば〝引き分け〟って言い方になるわ」

「なるほど」

「同じように考えて、もしA社がリリースして、なおかつB社がしなかったら、当然A社が勝つことになる」

「確かに。残り2つも同じように考えたのですね。サオリさん、お見事です！」

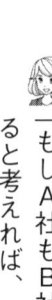

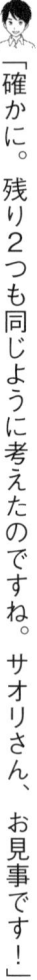

サオリの表を使った整理

Q 新サービスをリリースすべき？

		B社（ライバル）	
		する	しない
A社（あなた）	する	〈ケース 1〉引き分け	〈ケース 2〉勝ち
	しない	〈ケース 3〉負け	〈ケース 4〉引き分け

その優斗の言葉に「このくらい当然よ」と得意気な表情で返すサオリ。おそらく、心の中に芽生えたうれしさを隠すためでしょう。

しかし、まだ終わりではありません。議論はいよいよ核心に入ります。

「で、ここからが本題よね。私（A社）は結局のところ新サービスをリリースすべきか否かを決めないといけない。でもこれって……」

「どうしました？」

「でもこれって、この表を見ればもう結論は出ているわよね。リリースすれば最悪でも引き分けで済む。でもリリースしなければ最悪は負け。どう考えたって、後者は選ばないわ」

「サオリさん、気づいていますか？」

「え？　何が？」

「今、サオリさんがしたことが、まさに消去法ですよね」

「あ……」

消去法で考えるとは、こういうこと

〝リリースしない〟という選択肢はない。だから、〝リリースする〟を選ぶ。極めてシンプルな消去法です。

そして、2人の議論はここから別の視点にシフトしていきます。

「そこでサオリさん、ここまではA社の意思決定をする立場で考えていただきましたが、逆にB社の意思決定をする立場で考えてみてください。B社はどんな選択をするべきでしょう？」

「え？　何言っているのよ。A社と同じように〝リリースする〟を選ぶに決まっているじゃない」

「そうなんです。B社の意思決定者がよっぽどのバカ……いえ、ある程度の賢さを持った人物ならば、同じく消去法で〝リリースする〟を選ぶはずです」

「ちょっと待って。ってことは……」

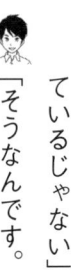

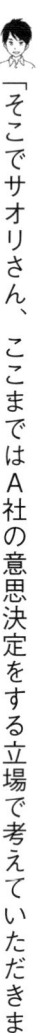

消去法で考えれば、〈ケース 1〉が結論になる

	リリースするかどうか	A社の消去法	B社の消去法	総合的な消去法
〈ケース 1〉 引き分け	A社 する B社 する			
〈ケース 2〉 A社が勝ち B社が負け	A社 する B社 しない		×	×
〈ケース 3〉 A社が負け B社が勝ち	A社 しない B社 する	×		×
〈ケース 4〉 引き分け	A社 しない B社 しない	×	×	×

結論

新サービスをリリースする。

ただし、B社もリリースすることが想定されるため、本サービスのリリースだけで圧倒的な差をつけることはおそらく不可能であろう

「サオリさんが整理してくれた4つのケースのうち、実際に起こるリースは……」

「どう考えてもケース1になるわ！」

「はい。だからリリースするという意思決定が簡単にできます」

「なおかつ、その決めたことに関して第三者を説得できるロジックもある」

「はい。その説得力というのが……」

「消去法によって〝それしか選択肢がないから〟ね」

サオリの中で、ここまでの議論が線でつながります。実際のビジネスでは、想定収益や開発費用なども数値で捉えて意思決定するため、このような単純な結論にはならないこともあります。しかし、「論理的に考えられた、説得力ある決め方」という観点では、数学のゲーム理論は重要なエッセンスを教えてくれる素材なのです。

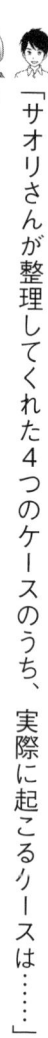

私の仕事に置き換えたら……

「これって、私のいる広告会社とその競合との関係みたい。ウチがテレビCMの提案をするかしないか、競合もテレビCMの提案をするかしないか、みたいな」

「確かにそうですね。〝ちゃんと考えている〟相手との駆け引きゲームのようなものかもしれません」

「ふ〜ん。〝ちゃんと考えている〟相手とのゲーム……か」

サオリの話が熱を帯びてきます。

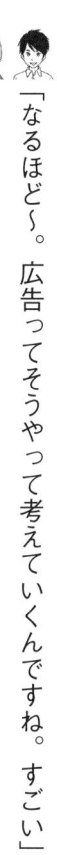

「つまりこういうことね。競合がある程度〝賢い〟のであれば同じように考えて必ずテレビCMの提案をしてくる。ということはウチは提案しないという選択肢はあり得ない。つまり消去法で〝提案する〟は決定事項。ただ、それだけではクライアントの予算をもらえる決め手にはならないので、プラスαの提案がマストであり、そこの差別化でおそらくコンペの勝敗は決まる」

「……！」

「プラスαの提案は……たとえばターゲット層が多く接触し、費用対効果もよく、テレビとの相性もいいSNSで口コミを仕掛ける。な〜んて」

「なるほど〜。広告ってそうやって考えていくんですね。すごい」

「この考え方、このまま現場で使えそうだわ」

「ちなみに最後のSNSのお話は、まさに帰納的な論述でしたよ。3つの線を使って、SNSという結論を説明されていました」

「なるほど！　確かにそうね」

サオリの心は躍っていました。ちゃんと考えて物事を決め、説明することがどういうことなのかが少しずつ掴めてきている自分に。そして、できそうな気がしている自分に。

「結局、何かを決めたときの理由として一番説得力があるのって、**ほかに選択肢がない**ってことなのかもしれないわね」

「はい。ぼくもそう思います。数学の議論でも、消去法で論点を絞っていくケースはたくさん……」

「あ～！　思い出した～!!」

「え？」

「思い出したの!!」

突然、車内に響き渡るほどの大きな声を出したサオリ。優斗は目をまるくして、そんなサオリをただ見つめています。

サオリは思い出しました。ついさっきデッキで会った、「デキる人っぽい感じ」がしたあの人物が誰かを。

「一番説得力ある〝それを選んだ理由〟って何？」

「〝それしか選択肢がない〟という理由です」

COLUMN 3

論理があるから決められる

たとえば企業研修などでのワーク中、何かをすぐに決めることができるグループと、なかなか意思決定できないグループがあったとします。

この差は何から生まれるのか、端的に表現するならばそれは「論理的に考えているか否か」です。

前者は論理的に考えているから、その判断に根拠が存在します。だから、自信を持ってすぐに意思決定できる。

一方、後者はその逆です。内容に論理がないからどうしても「ふんわり」した議論になる。結果、自信を持って意思決定できないのです。

つまり、論理的に考えることができるか否かは、その人の仕事を前に進めるスピードすら決めるのです。

すぐに決められるか、決められないか。その差は、決して「思い切りのよさ」ではありません。

改めて、論理的に考えるって大事だと思いませんか？

第 4 章

斬新なアイデアが生まれる！発想力を身につけるための、考えるコツ

≪ THINK ≪

01 そもそも、アイデアってどうやって出すの？

02 発想力を鍛えるコツってあるの？

03 発想力を鍛えるコツ、もっと教えて！

04 「それ斬新だね」と言われるアイデアを出したい！

≪ THINK ≪

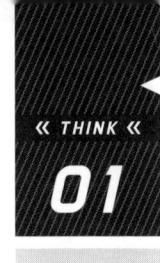

01

そもそも、アイデアって どうやって出すの？

思い出した「あの人物」

「ちょっと、ごめん！」

サオリは立ち上がり、デッキに向かいながら乗客の顔を確かめていきます。さっきあのデッキにいたということは、この車両か隣の車両にいる可能性が高いからです。ところがデッキに出た瞬間、ラッキーなことにまたあの「デキるっぽい人」が携帯電話で話をしていました。

「……（いたっ！）」

サオリはトイレを待つフリをして、その男性の電話が終わるのを待って声をかけます。

「あ、あの……」

「はい？」

「違っていたらごめんなさい。……加藤ヒロアキさんですか？」

持ち前の積極性を発揮するサオリ。その男性はまだ警戒しているようです。

「あの……私、加藤さんのご著書を読んだことがあるんです。すごく面白くて、勉強になりました！」

「あ……それはどうも」

「私も広告の仕事をしているんです。でも、もう全然ダメで……」

「……」

加藤ヒロアキというその男性は、広告業界では知らない人はいないほどの有名人。

国内最大手の広告会社で長年クリエイティブディレクターとして活躍し、3年前にフリーランスとして活動を始め、現在もトップブランドの戦略やCMのプロデュースを手がけている人物です。

「あの……図々しいことはわかっているんですけど、1つだけ教えていただけませんか？」

「……？」

「加藤さんのご本を読んでいて、仕事に対する考え方がとても勉強になりました。でも、1つだけわからないことがあるんです」

「……まあ1つだけなら答えてもいいですよ。とても熱心に勉強されているようですし」

「ホントですか!?　ありがとうございます！」

サオリの満面の笑みを見て、警戒していた加藤の表情がほんの少しだけ緩みました。

アイデアが出てこない！

「加藤さんがプロデュースしたりデザインしたりしている広告を見ていると、いったいどうやったらこんな斬新な発想が出てくるのかなって思うことがたくさんあるんです。それで……」

「なるほど。アイデア出しのコツってことですか。広告の仕事の基本ですよね」

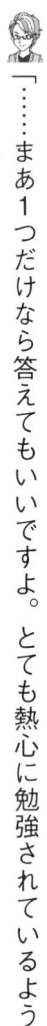

「……ですよね（苦笑）」

「コツはあります」

「ホントですか!?」

「一言で言うと、〝**逆に行く**〟ってことかな。似たような意味合いだけど、私は仕事の現場では〝**常識を疑う**〟なんてよく言っています。……って言われてもすぐには理解できませんよね」

「あはは、すみません……」

ふと外を見ると列車はどこかの駅を通過しています。おそらく浜松あたりでしょう。

「アイデアが出ない」はサオリにとって大きな悩みの1つでした。広告業界では、どんどん新しいものを生み出す発想力が求められます。ところが、社内の会議などでもアイデアが出ず議論が行き詰まることが多いからです。

「たとえば今、あるダンスボーカルユニットの新曲プロモーションのCMが流れているのはご存知ですか？」

「はい。よくテレビで観ます！　ナレーションだけで曲自体は流れず、ダンスをしている靴音と息づかいだけが響いていて、カッコいいですよね!!」

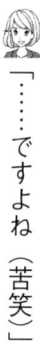

「あのＣＭ、新曲プロモーションなのに、どうしてナレーションと靴音と息づかいだけのＣＭにしたかわかりますか？」

「確かに……パフォーマーの踊る姿だけで肝心の曲が流れていない……」

「でも、結果としてインパクトが出ているし、このＣＭ自体が今、話題にもなっている」

「はい、その通りです」

「このＣＭのアイデアも、結局はさっき言ったコツから生まれているんですよ」

すると、加藤の携帯電話が再び鳴ります。

「すみません。これくらいでご勘弁を……」

「あ、突然すみませんでした。ありがとうございます！」

「お仕事、頑張ってください」

軽い会釈をした加藤はクルリと背を向け、携帯電話で話を始めます。サオリは深くお辞儀をして、座席に戻ります。夏休みの宿題をたっぷり出された小学生のような気分で。

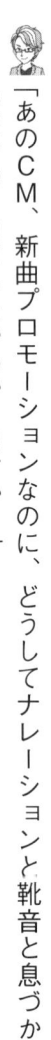

「逆に行く」ってどういうこと？

「あ、おかえりなさい」

「うん、ただいま」

「どうしたんですか？　急に『思い出した！』って」


おしゃべり好きのサオリが先ほどの出来事を黙っていられるわけがありません。優斗はサオリのマシンガントークを聞き、詳細を知ります。


「そのＣＭは、ぼくも知っています。15秒のＣＭ中、まったく曲が流れないでただダンスの映像が流れているんですよね」

「私がしているような広告の仕事って、アイデア勝負みたいな面があるの。毎年同じ仕事を丁寧にしていけばいいってわけじゃないのよね」

「なるほど。アイデア勝負ってところは、数学と似ています」

「加藤さんが言っていたことの本質をどうしても理解したいの。優斗くん、一緒に考えてくれない？」

「いいですよ。面白そうですね」

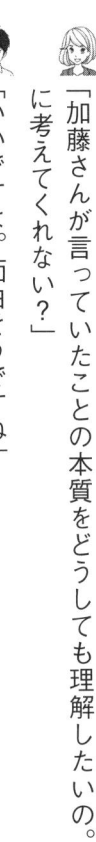

優斗は開いていた数学の専門書を閉じます。

「まず、加藤さんがおっしゃっていた〝逆に行く〟ってことなんだけど……」

「はい」

「よく耳にするフレーズだけど、具体的にどういうことなのか、まだピンとこないのよね。おそらく、〝左向け、右！〟みたいなことなんだと思うけど……」

「たとえば、こういうことじゃないですかね」

「え？　もう何か具体例があるの!?」

「はい。ぼくも数学の問題を考えるときは常に〝逆に行く〟ことを習慣にしています。ですから、その加藤さんという方がおっしゃっていることが何となくわかる気がします」

どうやら優斗には〝逆に行く〟がイメージできているようです。

「では大先生、具体例をぜひお願いします！」

「だ、大先生じゃないですよ」

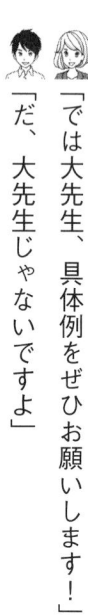

「ったく真面目ねぇ……少し乗っかってくるくらいじゃないと、女の子にモテないわよ」

「よ、余計なお世話です……」

サオリは「絵に描いたような真面目な学生」の横顔を見て思わず苦笑いします。

「では、簡単な算数の問題でいきます。**今ここにA、B、C、D、Eの5人がいます。そして、この5人からリレーの選手を4人選ぶとします。リレーの選手は何通りの選び方がありますか？** ただし、走る順序は無視してください」

サオリは拍子抜けします。
思った以上に簡単な問題。それがサオリの第一印象でした。

「簡単じゃない。4人選べばいいんでしょ？　たとえばABCDとか、BCDEとか……」

「はい。で、全部で何通りですか？」

「面倒くさいなぁ～（苦笑）。えっと……あとはACDE、ABDE、ABCE、かな」

「正解です。全部で5通りです。でも、今のサオリさんの答えの出し方は言わば正攻法に過ぎません。実はちょっと発想を変えればこの問題は1秒で答えが出せるはずなんですよ」

「1秒!? またまた〜。そんなの、問題をつくった人でもなければ1秒で全部を数えるなんて無理でしょ〜」

サオリはそう言いながら、「どうすれば1秒で数えることができるのか」を早くも考えていました。確かに単に数えれば済むのであれば問題にする必要がありません。何かアイデアで解決できる問題のはずなのです。

「逆に行く」ってこういうこと

「もしぼくだったら、この問題を解決するためには逆のことを考えます。サオリさんの表現を借りれば、〝左向け、右!〟ってことです」

「いったいどういうこと?」

「この問題における〝左向け〟、つまり求められていることはリレーの選手になる4人を選ぶことです。ということは〝右〟に当たる行為はいったい何だと思いますか?」

A、B、C、D、Eの5人から4人を選ぶ方法は何通りある？

Q A、B、C、D、Eの5人がいます。この5人の中からリレーの選手を4人選ぶとします。リレーの選手は何通りの選び方がありますか？

逆を行く

正攻法	アイデア
リレーの選手になる4名は？	リレーの選手になれない1名は？
ABCD、BCDE、ACDE、ABDE、ABCEの5通り	5人の中から1人外すから明らかに5通り
10秒くらいかかる？	1秒で十分

優斗は、「答えはサオリさんが出してください」と言わんばかりに会話のボールをサオリに預けます。

「その逆に当たること、つまりリレーの選手になれない1人を選ぶことかしら？」

「その通りです。リレーの選手になる4人を選ぶ行為は、裏を返せばリレーの選手になれない1人を選ぶ行為でもあります」

「そっか！　だったら後者の考え方で数えたほうが簡単よね。5人の候補から1人を選べばいいわけだから、当然、5通りって結論になるわ」

「はい。つまり、左向けと言われているけれど、あえて右のほうに向かうっ

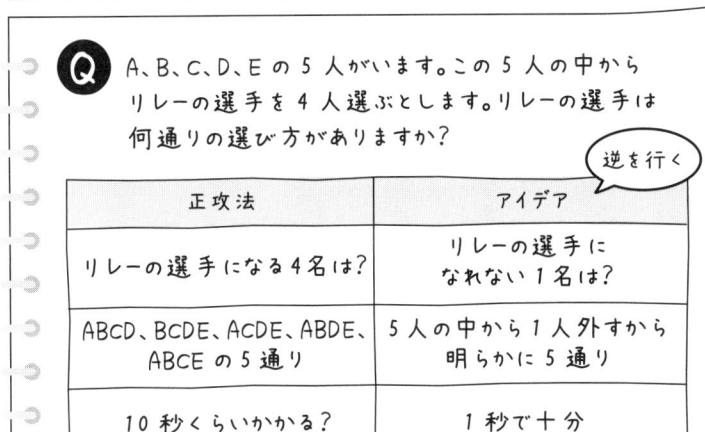

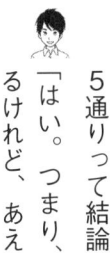

てことです。結果的に、先ほどのような〝正攻法〟ではなく、〝アイデア〟で正解を出すことができました」

このように、数学には要求されていることに対し、あえて逆に行くことが問題解決のショートカットになることがよくあります。

優斗はそれがアイデアを出すための１つの考え方になりうると伝えたかったのです。

「なるほどね～。これがアイデアを出す1つの考え方ってことか～」

「はい、だからぼくはアイデアを出したいときは、ちょっとひねくれて誰もがしそうなこととは逆のことをしようとします。だって、正攻法はアイデアとは言いませんから」

「**〝アイデアを出すとは、逆に行くことである〟**みたいな？」

「それ、何だか名言っぽくていいですね」

優斗は少年のようにニッコリ笑い、サオリの名言をノートにメモしました。

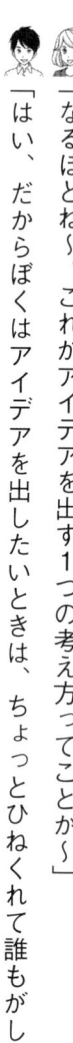

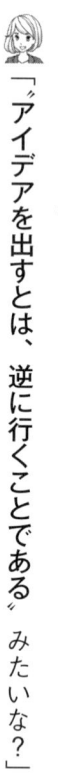

「いいアイデアって、いったい何だろう？」
「ひねくれて考えた結果のことです」

« THINK «

02

発想力を鍛えるコツってあるの？

「常識を疑う」ゲーム

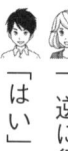

「〝逆に行く〟は何となくわかった気がする。じゃあ次のテーマに移ってもいい？」

「はい」

「さっき加藤さんはアイデア出しのコツを〝常識を疑う〟って表現もされていたのよね」

「〝常識を疑う〟……ですか」

「もちろん、言葉としての意味はわかるわよ。でもこう……何というか……ちゃんとわかっていない感じがするのよね。それって具体的にどういうことなのか、人にうまく説明できないし……」

「なるほど……」

優斗はすぐに考え始めます。〝常識を疑う〟の本質を自ら理解することと、それをどう伝えればサオリも納得できるかを同時に考えているのです。

「おそらく、発想力の鍛え方の話だと思うんです」

「……??」

「じゃあサオリさん、今から〝常識を疑うゲーム〟をやってみましょうか」

「……? なぁに、それ?」

「常識の枠から外れるためのトレーニング、いいえ、ゲームだと思ってください」

「ゲーム感覚でできるならやるわ♪」

さっそく優斗はサオリにノートを使って第1問の内容を伝えます（次ページ図）。

「第1問です。ぼくの描いた紐のおおよその長さの測り方を考えてみてください」

「紐の長さ……これってこの曲がった状態のまま測らないといけないのよね」

「そうです。真っ直ぐな状態なら長さを測るのは簡単です。でも、この紐はぐねぐね曲がっています」

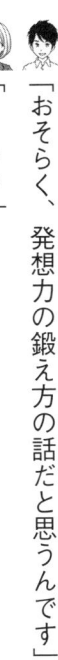

第1問　曲がりくねった紐のおおよその長さをどう測る？

Q　ぐねぐねと曲がった紐。この紐の長さをこの状態のまま測る方法を考えてください。

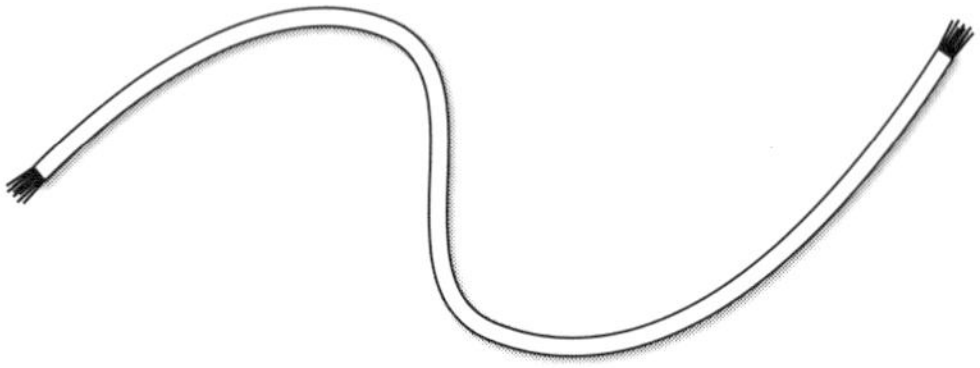

常識　ぐねぐね曲がっているから測れない

➡ 常識を疑うと……？

「う〜ん……」

「サオリさんが今、無意識に決めつけてしまっていることってありませんか？」

無意識に決めつけていること。言わばそれが「常識」です。常識を疑うとは、その無意識に決めつけてしまっていることを破壊することです。

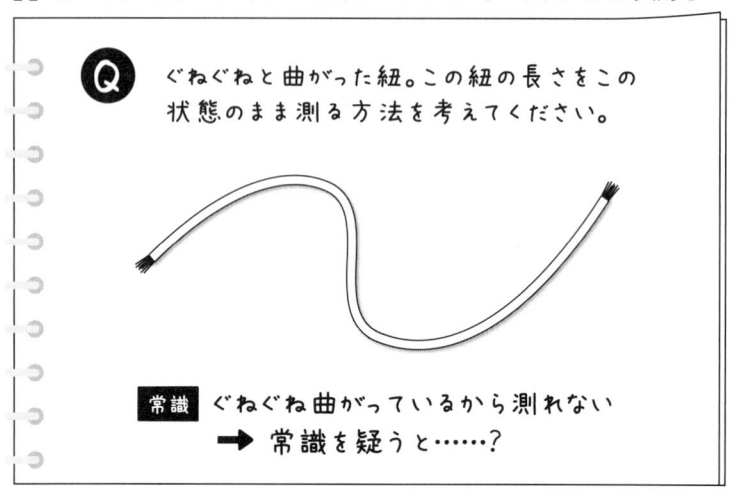

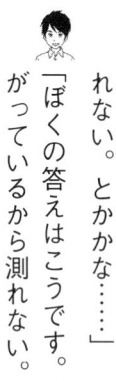

「決めつけていること？　そうね……曲がった状態である。だから一度に測れない。とかかな……」

「ぼくの答えはこうです。ぐねぐね曲がっているから測れない。でもそれは裏を返せば、真っ直ぐなら測れる。しかも、一度に測れないという問題も、裏を返せば細かく分ければ測れる。つ

「裏を返せば」で新しい発想が生まれる

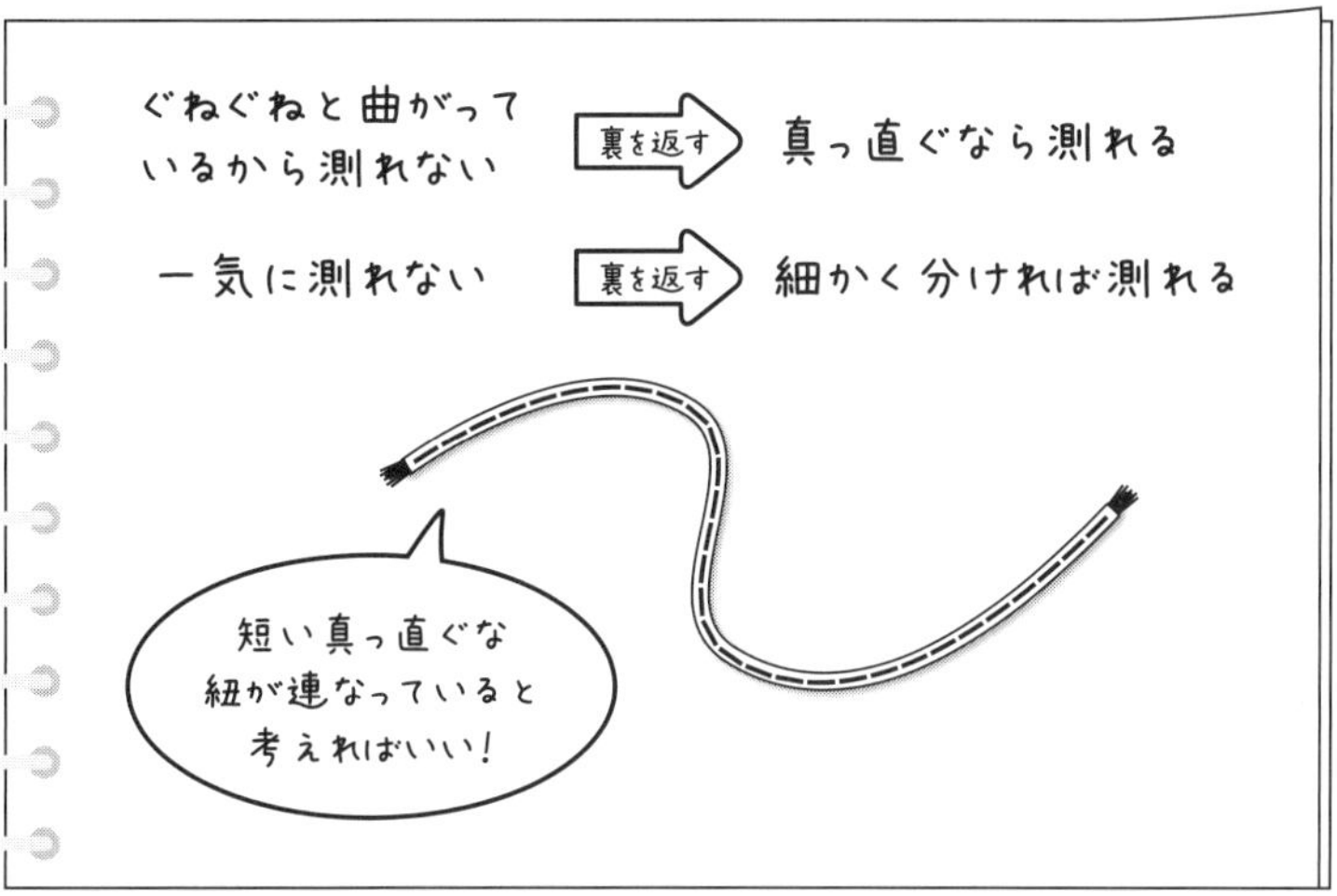

まり、この曲がった紐を細かく分け、とっても短い真っ直ぐな紐が連なっていると思えば、この紐の全体の長さをざっくり測ることは可能です」

「おお、なるほど！」

「実はこういう発想が、数学の微分積分のエッセンスにもなっているんですよ。常識を疑い、新たな発想をしたから新たな理論が生まれていくんですね」

「ふ〜ん、頭のいい人ってやっぱりすごいのね」

「じゃあ第2問、いきますよ。テーマは天気予報です」

「常識を疑う」ゲームは続く

優斗は続いて「天気予報」を題材にした問題を口頭でサオリに伝えます。

シンプルな問題（次ページ図）ですが、これも常識を疑わないと誤った判断をしてしまう問題です。

「……普通に考えれば、Aさんよね？」

「ですね」

「でも、優斗くんが問題にするってことは何かひっかけがあるのよね」

「う〜ん、どうでしょう……（苦笑）。ちゃんと考えた上で、結論を出してみてください」

「……ダメだ。やっぱりAさんっていう結論しか思い浮かばない」

サオリは優斗に助けを求めます。

「常識で考えればAさんだと思います。でも、そこを疑います。サオリさんが無意識に決めつけてしまったことは何でしょうか？」

「無意識に……たとえば当たる確率が低いほうがダメな気象予報士だ、とか？」

「そうです！　その常識を疑います。天気予報が当たる確率が低いということは、裏を返せば外れる確率は高いということです」

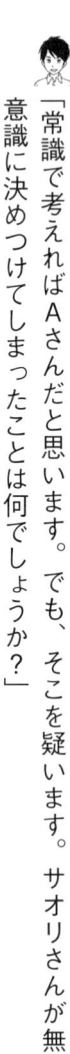

第2問　誰に聞くのが賢い？

Q 明日の天気が気になったサオリさんは、３人の気象予報士のいずれかに明日の天気は晴れか雨か予想を聞くことにしました。
３人の予報士は以下のように述べています。

さて、誰の予想を聞けば一番高い確率で明日の天気がわかるでしょうか？

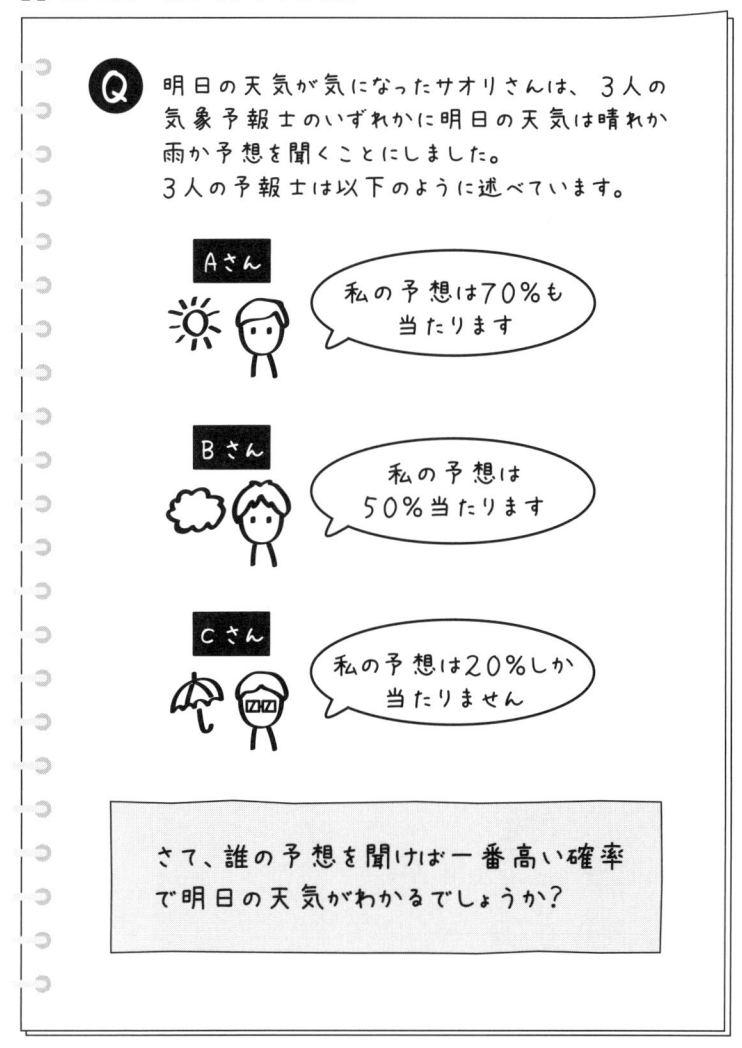

「あ、わかった〜！　つまりCさんに予想を聞いて、その反対の天気が明日の天気だと結論付けるのが一番賢いのね。それって確率80％ってことだし」

「お見事。その通りです」

「なるほど〜。確かに常識を疑って違う発想を出すって、こういうことよね」

「はい。なかなか難しいことですけどね」

そんな会話をしながら、サオリはある重要なポイントに気づきます。ヒントは、これまで優斗が発したあるセリフにありました。

「さっきから、優斗くんは〝**裏を返せば**〟ってよく言っているわよね」

「確かにそうですね。気づけばよく使っている言葉です」

「自分が無意識に決めつけてしまっているものをあえて破壊するのがミソ。そのためには〝裏を返せば〟が突破口になることもある。そんなところかしらね」

「そう思います。ではサオリさん、第3問目いきますよ」

ノートにさっと書いた問題（167ページ図）は、不思議なものでした。

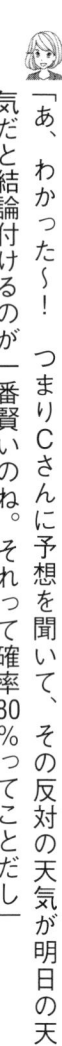

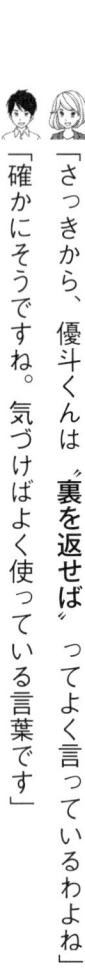

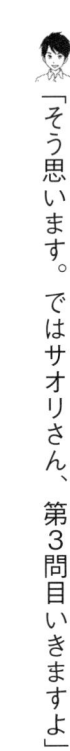

「私でも簡単に発想力が身につくコツ、何かない？」

「常識を疑うために、〝裏を返せば〟を口癖にすることです」

≪ THINK ≪

03

発想力を鍛えるコツ、もっと教えて！

奇妙なクイズ「36＝10」

「何これ？　『36＝10』って、変じゃない？？」

「はい。でも、サオリさんがこの数式を〝変〟だと思うのは、この36と10が、ただの数字だという常識があるからです」

「その常識を疑ってみることで、違った発想が出てくるって言いたいのね」

「そうです。常識を疑うって、これくらい劇的に視点を変えることだと思います」

サオリはこのクイズの趣旨を理解しました。しかし、解決の糸口はさっぱり見えてきません。

「36と10がイコールになる？　う〜ん、ダメね。どうしてもこの2つを普通の数

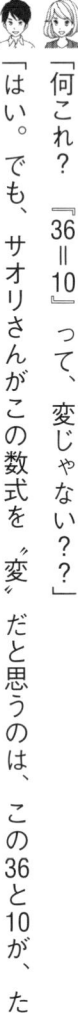

第3問　イコール（＝）を成立させてください

Q 数字と四則演算記号（＋－×÷）以外なら
何を書き込んでもけっこうです。
ちゃんとイコール（＝）になるようにしてください。

$$36 = 10$$

として考えちゃう。それじゃいつまで経っても『36＝10』の理屈はつくれないわよね……」

「はい。今サオリさんが持っているその常識は捨ててほしいんです」

「……（ハッ！）わかった！　こういうことでしょ？」

サオリは満面の笑みを浮かべ、自信満々に「＝」の記号に斜めの線を書き込みます

「36≠10（36と10は等しくありません）……なるほど」

「ね!?　正解でしょ？」

「サオリさん、残念ながら違います。ぼくは〝＝〟を成立させてくださいって問題を出したんですよ（笑）」

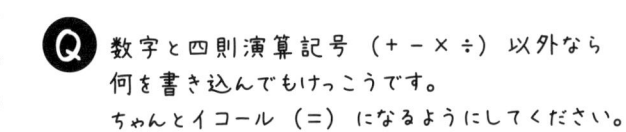

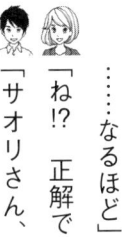

「あ、そっか」

途端にションボリした表情を見せるサオリ。しかし、この展開は優斗にとっては想定内でした。

「でも、確かに今のサオリさんの答え、このクイズを出すと、とても多いです」

「くっ、まんまと……（苦笑）」

「これはぼくの想像ですが、サオリさんはイコールの左側にある36と、右側にある10が同じ概念で表記された数字だと思い込んでいませんか？」

「え？　概念？　どういうこと？？」

サオリはポカンとした表情で優斗の顔を見ています。

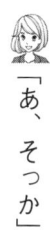

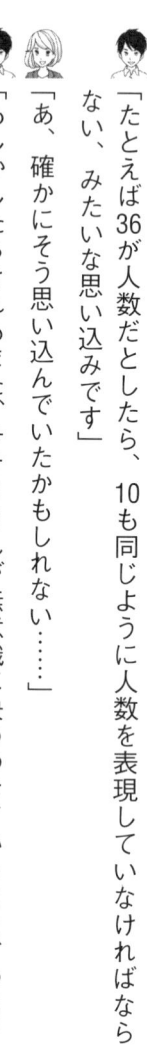

「たとえば36が人数だとしたら、10も同じように人数を表現していなければならない、みたいな思い込みです」

「あ、確かにそう思い込んでいたかもしれない……」

「もしかしたらそれもまた、サオリさんが無意識に決めつけていること、つまり壊すべきものかもしれません。36は人数で、10は金額だっていいわけです」

サオリは、常識を疑うことの難しさを改めて感じています。しかし、今の優斗のアドバイスはサオリのこれまでの固い頭を柔らかくするのに十分なものでした。

「36＝10」の謎を解け！

「何かちょっと視界が開けた気がする……36と10を単なる数字として見るんじゃなく、その裏にある単位とかも考えたら、「36＝10」の理屈がつくれるって問題なのね」

「そうです。ゴールはもうすぐですよ」

「単位か……人、円、時間、センチ、リットル、パーセント……」

「……」

「パーセント？　……おっ？　おおっ？」

そう言いながら、サオリはノートに何かを書き込んでいきます（次ページ図）。次の瞬間、サオリは満面の笑みで優斗の顔を見ます。

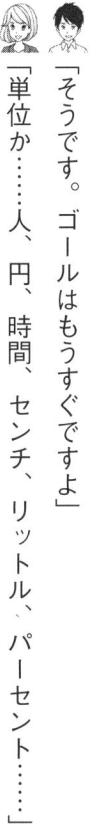

サオリの答え

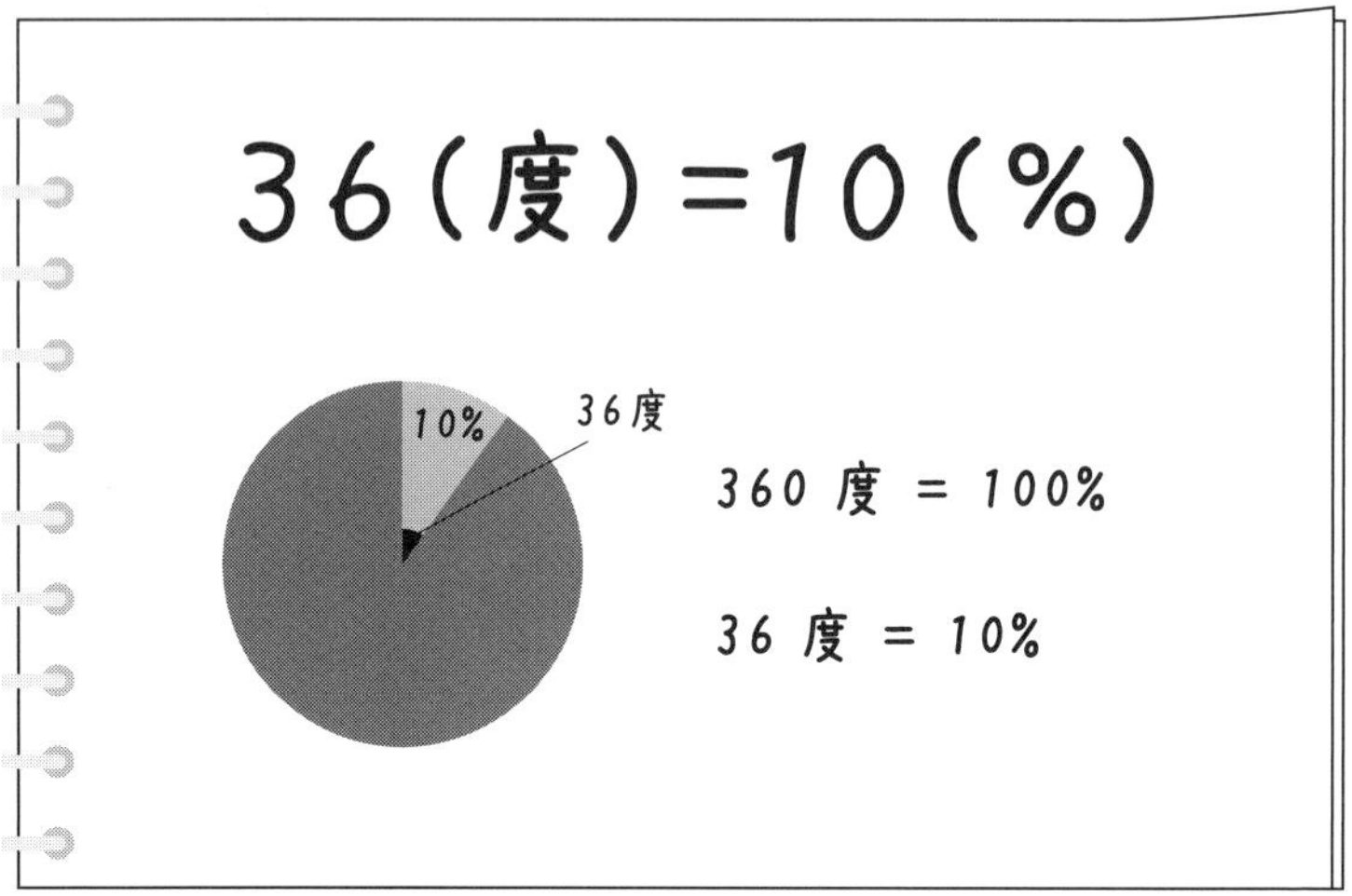

「これ！　どう？　正解？」

「わっ！　サオリさんお見事です！」

「やっぱり！　円グラフの1周って角度は360度。しかも100％。だから、36度って角度はちょうど10％になる！　ねぇねぇ、私すごくない？？」

「いや、びっくりしました。本当にお見事です」

　これまでで一番うれしそうなサオリ。優斗はその様子を見て、自分のことのようにうれしくなります。

「ちなみにサオリさん、このクイズにはこんな正解もあります」

「どんな？」

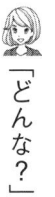

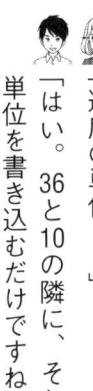

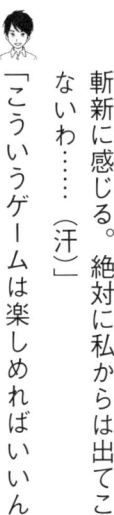

優斗の答え

36（km／時）＝10（m／秒）

36（km／時）＝36,000（m／時）
＝600（m／分）
＝10（m／秒）

「36（km／時）＝10（m／秒）。つまり、速度の単位変換ですね」

「速度の単位……」

「はい。36と10の隣に、それぞれこの単位を書き込むだけですね」

「うっ、私のような超文系にはとても斬新に感じる。絶対に私からは出てこないわ……（汗）」

「こういうゲームは楽しめればいいんですよ。正解も決して1つとは限りませんし。ただ、共通しているのは〝思い込みを捨てる〟ってことかもしれません」

アイデアを出すというテーマにおいて、絶対の方法論はありません。しかし、1つのアプローチとして「常識を疑う」、つまり無意識に思い込んでいることを捨てる作業が有効であることを優斗はサオリに伝えています。

「よ～し、何だかやる気が出てきた。ほかにも何か問題はない？」

「もちろんありますよ。では第４問」

「ジャジャン♪」

「……？　何ですか今の？」

「効果音だけど？」

優斗は思わず声を出して笑ってしまいます。真っ直ぐで明るいサオリとの会話に、気づけば優斗のほうがのめり込んでいました。

「〝常識を疑う〟ってわかるけど、
実際のところ難しいよね」
「〝疑う〟というより〝捨てる〟
くらい思い切るのがコツです」

« THINK «

04

「それ斬新だね」と言われるアイデアを出したい！

最終問題は「計算しない面積問題」

「第4問は、こんな問題です（次ページ図）」

「円の面積？　いきなり数学のお勉強チックになったわね」

「あ、すみません……」

「まあいいわ。ところでこの問題、図形に長さが書かれていないけど？」

「はい。長さは必要ありません。大きい正方形の面積が、小さい正方形の面積の何倍かさえわかればおしまいです」

サオリはさっそく考え始めます。

「2倍」

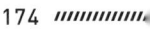

第4問　計算しない面積問題

Q 大きい正方形の面積は、
小さい正方形の面積の何倍？

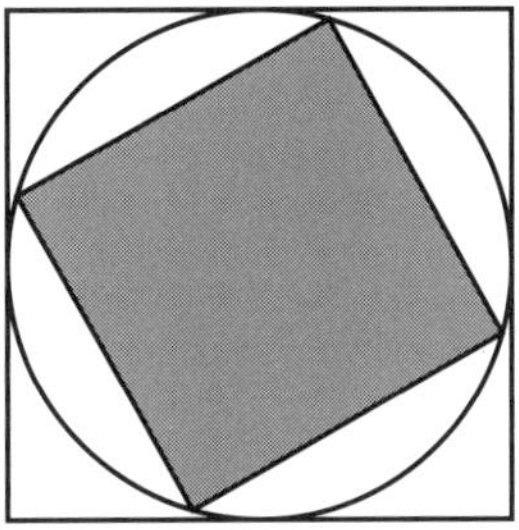

「すごい！　早いですね！　なぜわかったんですか？」

「ヤマ勘」

「ダメですよそれは（苦笑）」

サオリは「だよね」と言わんばかりに舌を出します。

「えっと、常識を疑うのよね」

「はい。思い込みを捨てる作業をしてください」

「これって別にこの状態のまま考える必要ないのよね。たとえばちょっと斜めから見たっていいのよね」

「サオリさん、いい線きています」

サオリは首を左右に傾けながらこの図を眺

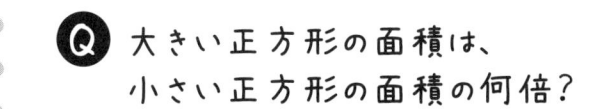

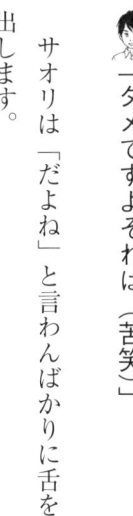

めています。

「でも、サオリさんが動く必要あるのかな……」

「え？」

「いや、サオリさんの首を動かすのではなく、サオリさんが都合のいいようにこの図形を動かしたらいいんじゃないかなって……」

「……？」

「この図形、書かれているこの状態で固定したまま、絶対にどこも動かしてはいけないと思っていませんか？」

「……思っていた」

「その思い込みを捨てると、どんな発想が出てきそうでしょうか？」

次の瞬間、サオリにあるアイデアが思い浮かびました。

「そういうことね！」

「そういうことです」

思い込みを捨てて図を眺めてみる

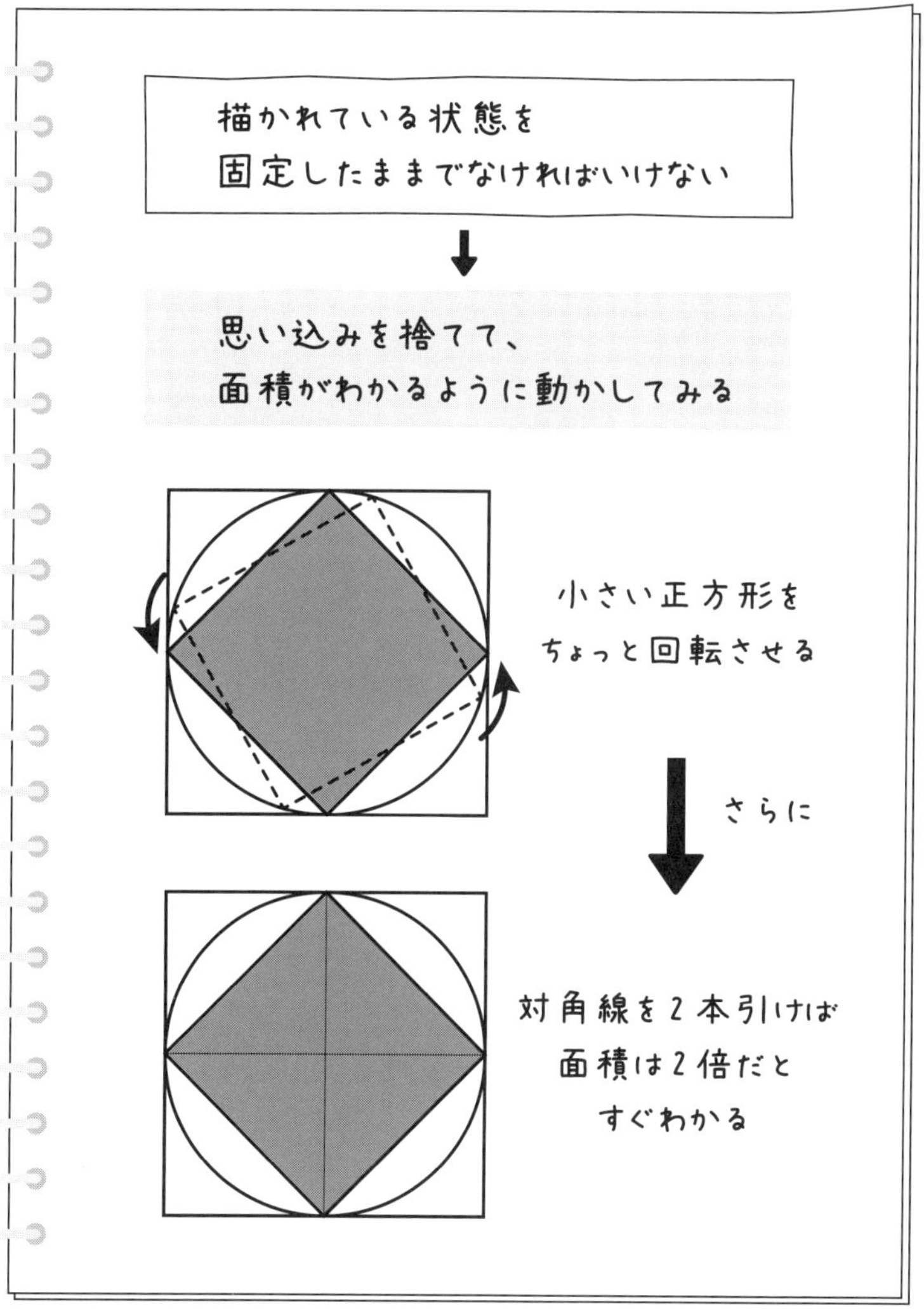
描かれている状態を
固定したままでなければいけない
思い込みを捨てて、
面積がわかるように動かしてみる
小さい正方形を
ちょっと回転させる
さらに
対角線を2本引けば
面積は2倍だと
すぐわかる

思い出した加藤ヒロアキの言葉

どうやらサオリは優斗のメッセージを掴んだようです。

「中の小さい正方形をちょっと回転させてみるのね」

「はい。そして対角線を2本引けばもっとわかりやすくなります。小さい正方形は図のような三角形4個分、大きい正方形は8個分です」

「なるほど〜。だから2倍ってことね」

「そうです。ちょっとしたアイデアですね」

数学の本質は「論理的思考を鍛える学問」ですが、ときにはこのようなアイデアを生み出すトレーニングにもなります。いずれにせよ、「考える力」を鍛える上では最強のツールなのです。

「こういう問題って、優斗くんのような数学が得意な人はすぐ思いつくのかもしれないけど、やっぱり私にはとても斬新な発想に思えるわ」

「そうかもしれませんね。でも、そんな斬新な発想も根本は〝常識を疑う〟ところから生まれているような気がするんですよね」

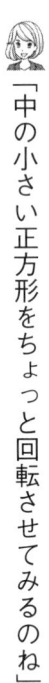

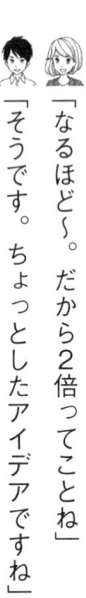

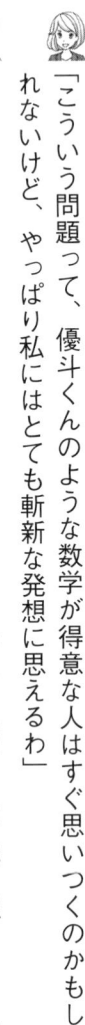

「そうね。優斗くんのクイズすべてに共通していたし」

列車はちょうど静岡駅を通過しています。２人の間にしばし沈黙が訪れます。

「消せるボールペンって、大ヒット商品がありましたよね」

「え？　うん」

「あれも、ボールペンは消せないペンだという〝常識〟を疑うところから始まったわけですよね」

「確かにそうね……」

「別の話になりますが、ぼくたち学生の間で今、大人気の女性アイドルグループがいるんです。はっきり言って何というか……普通の女の子たちなんです。しかも、しょっちゅう握手会とかして会ったり話したりできるんです」

「だからこそ、すごく親近感が湧いて、応援したくなっちゃうんでしょ？」

「そうなんです。ちょっと前までは、とびきり美人で会ってお話できるなんて絶対ＮＧな存在がアイドルだったのに」

「これもまた、常識を疑うところから生まれた発想なのかもね」

ビジネスの世界でも、ヒットするものには新しさがあります。その新しさにはある種の「斬新さ」が必要なのでしょう。

「そういえばね。イギリスである斬新なアイデアがタバコのポイ捨てを激減させたんだって」

「えっ？」

優斗はサオリの言葉の真意がまだ掴めていません。

「タバコの吸い殻って〝捨てるもの〟っていうのが常識でしょ？　でも、〝捨てるもの〟だからポイ捨てって起こるのよね。だからその常識を疑って、灰皿を投票箱に見立てて、吸い殻を投票券代わりにしたのよ」

「投票……たとえばどういうことですか？」

「たとえば、『国内最高のサッカー選手はAとBどちらか？』みたいなテーマを週ごとに決めているんだって。この吸い殻入れ兼、投票箱が街中にあるみたいよ」

「なるほど！　スモーカーは自分が投票したいほうに吸い殻を入れるってわけですね？」

ヒット商品は「常識を捨てる」から生まれる

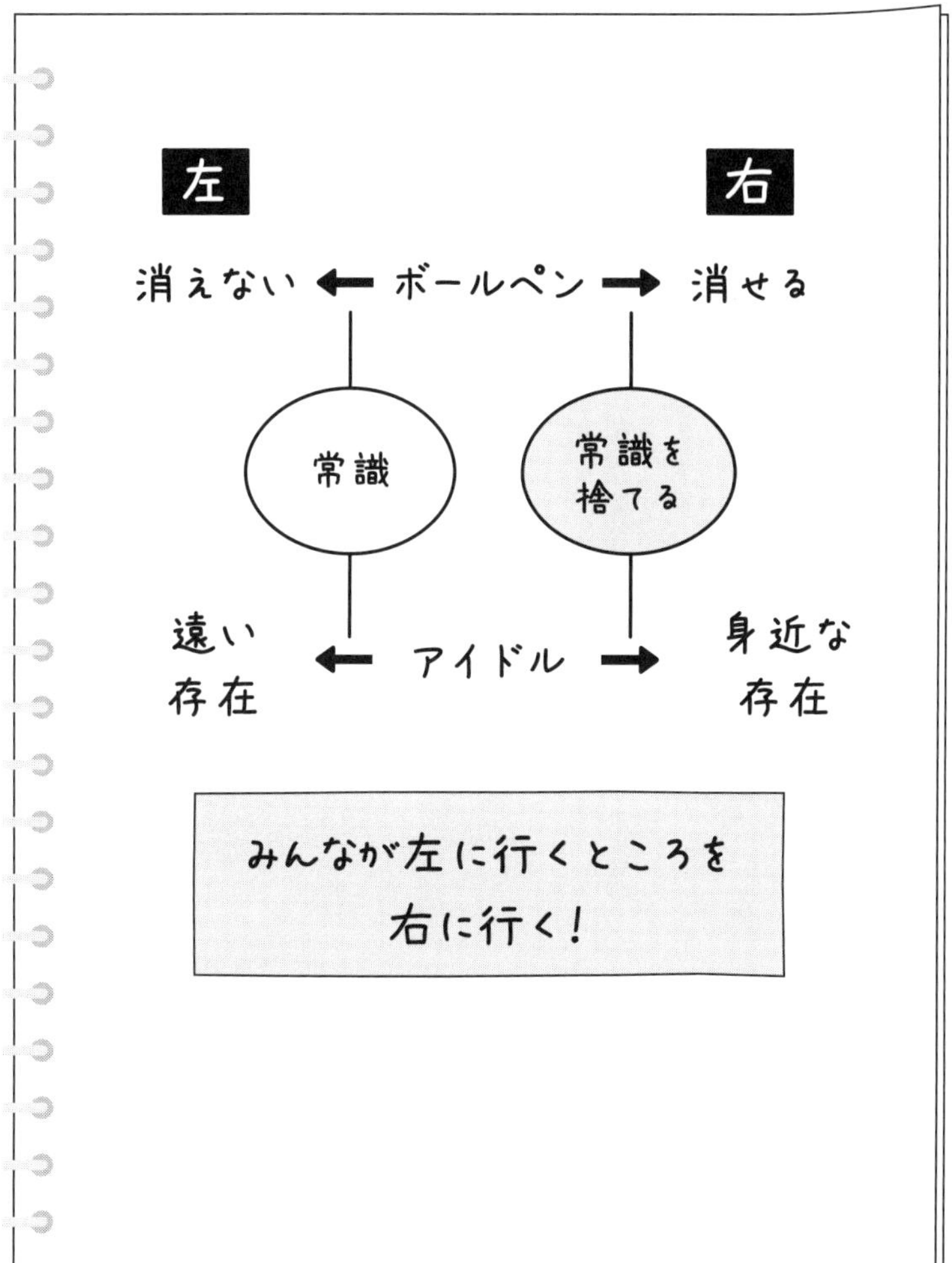

「そう。しかもその投票箱は透明の窓になっていて、どちらが多く投票されているかわかるようになっているんだって。ゲーム性があって面白いし、何より街がきれいになるわ」

「斬新な発想です。ただの吸い殻に、〝投票券〟という別の意味を持たせたってことですよね。確かにスタートは〝常識を疑う〟です」

サオリは黙って頷きます。

「そうね。私がやっているような広告の仕事はもっとそうよ。面白くてナンボ、斬新でナンボ、みたいなところがあるもん」

「……」

「ま、だから加藤さんみたいな人が活躍できるんだろうけどさ」

「社会人って、やっぱり大変なんですね……」

「そうよ～。これだけ豊かでものや情報が溢れている時代だから、どんな業界でも斬新なアイデアが求められるのよ」

サオリはここまでの会話をまとめようと、優斗から視線を外して宙を見つめます。

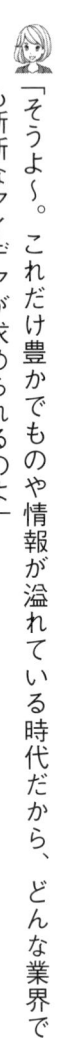

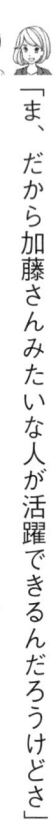

斬新なアイデアとはどういうものなのか、サオリはそれが何となく見えてきた実感がありました。そしてそのイメージは、加藤ヒロアキがつくった曲が流れない新曲発売ＣＭともリンクしてきます。

「ようやく加藤さんが言っていたことが腑に落ちた気がする」

「……？」

「斬新なアイデアは逆に行くところから始まるわけじゃない？　それってみんなが左と思っているところをあえて右に行く行為ってたとえることができる」

「はい」

「でも言うのは簡単だけど、実行することはなかなか難しいわ。その難しいことを実際にするためには、常識を疑う、いいえ、捨てるくらいの大胆さが必要になるってことなのよ、きっと」

「今の整理、すっごくわかりやすいですね。ぼくもまったく同意見です」

サオリはうれしさを隠すことなく笑顔で「ありがとう」と言いました。

東京まで、あと1時間？

「サオリさん、東京まであと1時間ありませんね」

「ホントだ。時間が経つのが早いわね……そうだ！　今から〝斬新ゲーム〟でもしない？」

「な、何ですかそれ？」

「簡単よ。思いついた斬新なアイデアを言い合うだけよ。私は仕事でアイデアを出さないといけないことがたくさんあるから、いい練習になるわ」

頭の体操になりそうなサオリの提案に優斗は乗ることにしました。どうやら2人とも東京までの残り時間を楽しく過ごせそうです。

「じゃあ、優斗くんからね！」

「ぼ、ぼくからですか？　えっと……〝数式のない数学の授業〟」

「斬新。でもごめん。すごく優斗くんらしいけど、私にとっては全然面白くないから却下！（笑）もうちょっと笑えるようなものにしてよ」

「はあ……笑えるもの……ですか？」

「たとえば、〝加齢臭のするスプレー〟なんてどう？」

「わっ！　確かに斬新です（笑）。でもそれ、誰が使うんですか？」

「浮気防止のために、世の奥様方がダンナ様のスーツやハンカチに吹きかけておくのよ（笑）。加齢臭なんて、99％の人にとってはイヤなものだけど、ほんの1％の人にとっては便利なものになるかもしれないじゃない？」

「なるほど〜！　意外と売れたりして。じゃあ、ぼくは……」

　2人の会話が弾みます。ところが、サオリは列車が急に減速し始めたことに気づきました。「のぞみ」がこんなところで減速することなど、これまでありませんでした。頻繁に出張で新幹線を利用しているサオリは違和感を覚えました。

「……変ね。こんなところでスピードを落とすなんて」

「何かあったんでしょうか？」

　周囲の乗客も、この列車が明らかに減速していることに気づき始めます。

　そして、ついに列車は停止してしまいました。山間部のため、窓の外は真っ暗です。そ

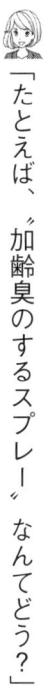

して次の瞬間、男性車掌の声で車内アナウンスが流れました。

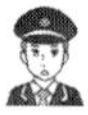
「お客様にご案内申し上げます。ただいま、この先の区間において強風のため架線に異物が引っかかったとの情報がございました。安全確認のため、いったん停止しております。お急ぎのところ、大変ご迷惑をおかけいたします」

優斗はすぐに気づきました。その声の主が、列車の車掌であり、サオリの元カレでもある上田であると。

「上田さん……ですかね？」

優斗の言葉に、サオリは静かな笑顔で「そうね」と返しました。

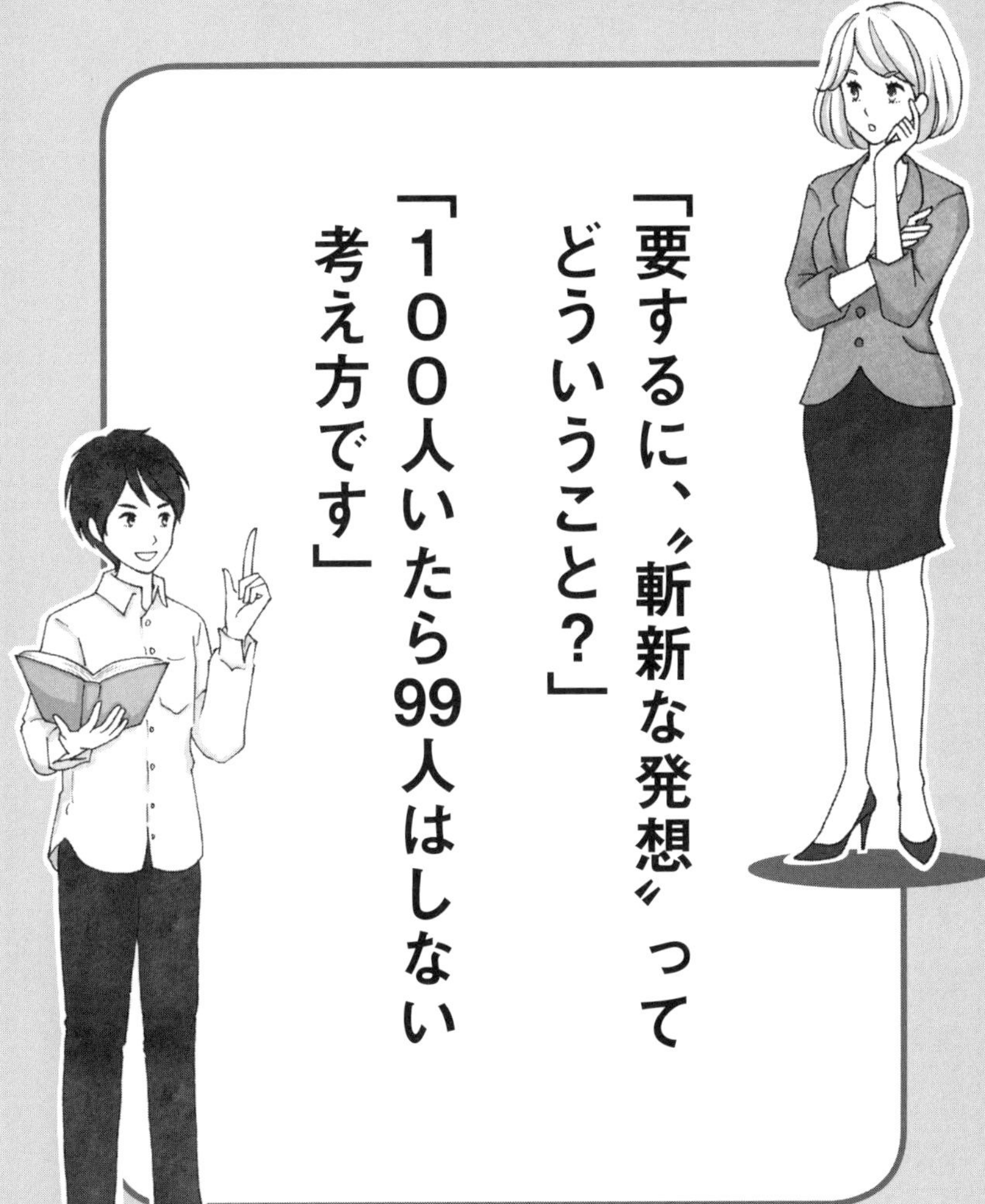
「要するに、〝斬新な発想〟って
どういうこと？」
「100人いたら99人はしない
考え方です」

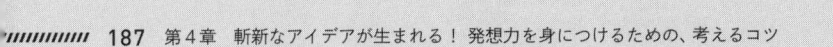

COLUMN 4

非常識に考えることも大切

数学は「考える」を鍛えてくれる貴重なトレーニングツールですが、実は「論理的に考える」がすべてではありません。

線でつなぐというよりは、糸の切れた凧のようにどこかとんでもない方向に飛んでいってしまうような、非常識な考え方を必要とするときもあります。

ある意味、「論理的に考える」とは対局ですね。

「1＋1＝2」は常識ですが、この常識を疑ってみたら何が起こる？　たとえば「1＋1＝10」となるような数字の世界ってどんな世界？

ご存知の方もいるかもしれませんが、実はこれが「2進法」と呼ばれる数字の世界です。

数学の人間は、そんなことを考えるのです（苦笑）。

でも、それが数学的な人のよいところ。

ぜひ、あなたにも真似していただきたいと思います。

第 5 章

これで問題解決できる！数学的な人が持つ、ちょっとズルい考え方

《 THINK 《

01 賢い人とそうでない人との違いって何なの？
02 私も「ズル賢い」ことが考えられる人になりたい！
03 自分だけで問題解決できるようになりたい！
04 やっぱり「考える」は武器になる！

« THINK «

01

賢い人とそうでない人の違いって何なの？

「賢い人」を別の表現で

「安全確認……大事にならなければいいですね」

「……そうね。何だよ～もう。長引くとイヤだな～」

同様の会話が周辺からも聞こえてきます。通路を挟んで反対側に座っているビジネスマンがスマートフォンを操作し始めます。おそらくニュース速報を確認しているのでしょう。

「ところで優斗くん、あなたみたいな優秀な学生さんの周りには当然、優秀な人もたくさんいるわよね」

「え？　そうですね……担当教授とか研究室の仲間とかはみんな優秀ですよ。何と言いますか……人間として〝賢い〟って感じでしょうか」

「〝賢い〟か……そういう人たちって、一言で言うと何ができる人なのかしら？」

「一言で言うと……ですか？」

優斗は、新大阪からサオリと会話をしていく中で気づかされたことがありました。それは、このようなサオリの素朴で真っ直ぐな質問が、実は自分にとっても「考える」トレーニングになっているということです。

「う〜ん……」

「お？　珍しく考え込む時間が長いですね〜」

「一言で言うと、賢い人とは……**〝ズルいことが考えられる人〟**ですかね」

「ズルいこと？？　どういうことか、まったくピンとこない」

「ですよね。えっと〜、そうですね……」

優斗はおそらくサオリがピンとくるようなたとえを探しているのでしょう。サオリはじっと待つことにします。

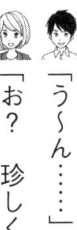

「ズルい」っていったい何？

「たとえば、あくまでたとえば、ですよ」

「何？」

「もしサオリさんがこの新幹線の車内販売スタッフだとします」

サオリは少し前にホットコーヒーをサーブしてくれた車内販売の奥田という女性スタッフのことを思い出します。

「今のような新幹線のトラブルがあったとき、サオリさんならどんな気分になると思いますか？」

「どんな気分？　そうね……原因はどうあれ、当然お客様に迷惑をかけているわけだから、スタッフとしては申し訳ない気持ちになるわよね」

「ほかにはどうですか？」

「う～ん、やっぱり早く電車が動いてほしいと思うわ。本音を言えば、早く東京に着いて家に帰りたいし（笑）」

「なるほど……」

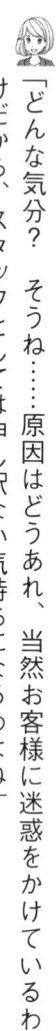

優斗がいったい何を言いたいのか、まだサオリには見えてきません。

「う〜ん、わからないな。じゃあ優斗くんだったら、いったいどんな気分になるっていうの？」

「ぼくなら〝チャンス〟だと思います」

「え!?」

「もちろん、お客さんに迷惑をかけているわけですからお詫びの気持ちが第一です。でも同時に心のどこかでは〝チャンス〟だなって思います。だって、車内販売なのですから、お客さんが車内にいる時間は長ければ長いほどいいはずです。販売する時間が長くなりますから」

「……」

「すみません……何というか、ちょっと卑怯な考え方だったかもしれません」

サオリはショックでした。ビジネスパーソンである自分よりも、まだ学生である優斗のほうがビジネスパーソンらしい答えを出してきたことに。

「確かに卑怯ね（笑）。でも、そういう考え方はビジネスの世界では１００％否定できないと思う。もちろんトラブルの解消に全力を傾けている人がいるわけだけど、一方で商売をして儲けるという観点なら、東京駅に着くまでの時間は少しでも長いほうがいいもんね」

「はい、そういう考え方って何だかズルいけど、でも『賢いな』ってぼくは思うんです」

「なるほどね〜」

サオリは優斗の言う「賢い人はちょっとズルく考えられる」が腑に落ちました。何でも正攻法でうまくいくほど、世の中は甘くありません。反則にならない範囲でズル賢く考えられることはビジネスパーソンにとって大事なことなのでしょう。

再び「車内販売」現る

すると、タイミングよく（悪く？）奥田という車内販売スタッフが再び11号車に入ってきました。

「すごいタイミング……（笑）」

「ですね（笑）」

怖いもの知らず（?）のサオリはすぐに奥田に声をかけます。

「あの、電車はまだ動かない感じですか?」

「ご迷惑をおかけして申し訳ございません。現在、安全確認を行なっておりますので……」

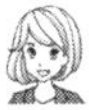

「こういうときはイライラするお客様もいるでしょうし、大変ですよね。……あ、でも逆にアルコールとかいつもより売れたりするんですか?」

思わぬ言葉に奥田の表情が少し緩みます。

「いいえ、そんなことはありません。それに、大変なのはお客様のほうです。こういうときこそ、少しでも気分よくおくつろぎいただけるようにするのが仕事ですから（ニコリ）」

「……（さすがプロね。…ま、そりゃそうよね。『実は電車が止まったほうが儲かるんです!』なんて、たとえ思っていたとしても言えないか）」

当然の「プロフェッショナルな返答」に感心するサオリ。奥田のうしろ姿を見ながら、同時にいたずら心で妙な質問をしてしまった自分を少しだけ反省しました。

「（さてと、気を取り直して……）優斗くん、話を〝ズルい〟に戻すわよ」

「あ、はい。そうでしたね」

「賢い人＝ズルいことが考えられる人。これは納得しているの。だから私もちょっとズルいことが考えられるようになりたいのよね」

「ズルいって言葉から、ぼくは〝盲点〟という言葉を連想します。**誰かが考えそうなのに意外と誰も考えないこと**、みたいなニュアンスです」

「うん、何かわかる気がする」

「盲点」とは字のごとく、誰もが見落としているようなポイントのことです。誰もが見落とすということは、ほとんどの人が見ていないということでもあります。

いったいどうすれば「盲点」を見つけることができるのでしょうか。

「それって結局、さっきまでぼくとサオリさんがお話ししてきた、〝裏を返せば〟とか、〝常識を疑う〟といった考え方なんじゃないかなって思うんです」

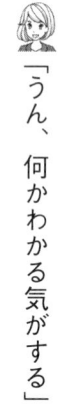

「……つまりこういうこと？　賢い人というのはズルいことが考えられる人。ズルいことが考えられる人というのは〝裏を返せば〟とか〝常識を疑う〟みたいな私たちがこれまで話題にしてきたいろんな考え方が使える人。つまり、結局のところ賢い人というのは、この2時間で私たちが話題にしてきた考え方が使える人」

「はい、その通りです。サオリさんの今の話、見事な三段論法になっていましたよ」

優斗に指摘されてそのことに気づいたサオリ。その表情はちょっぴりうれしそうです。

そして優斗はノートに何かを描き始めます。「ズルい」のエッセンスを何らかの問題を通じて伝えようとしているようです。

「……そろそろ次の問題かな？　楽しみにしているわよ」

「はい。もしかしたら、これが最後の問題になるかもしれません」

「いわゆる〝ズル賢い人〟って
何ができる人なんだろう？」

「〝盲点〟を見つけるのが
上手な人です」

« THINK «

02

私も「ズル賢い」ことが考えられる人になりたい！

難問「秘書問題」にチャレンジ！

「お待たせしました」

「次は何かしら？」

「この問題です。数学の世界ではとても有名で〝**秘書問題**〟と呼ばれています」

優斗の説明する「秘書問題」とは最適化問題の1つとして数学分野で研究されたテーマであり、採用面接の最適な方法論という事例で説明されている概念です。

「ふむふむ。で、どんな問題なのかしら？」

「とっても面白いんですよ。〝裏を返せば〟とか〝常識を疑う〟を使って、ちょっとズルいことを考えます。結果、賢い人がしている問題解決法を体験できちゃい

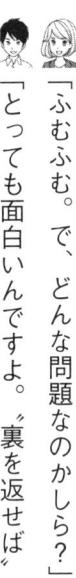

ます。この話題にピッタリの問題です」

「おお〜！　いいわね。面白そうじゃない。これまで優斗くんから教えてもらった考え方を使う総合演習みたいな感じ？」

「そういうことになりますね。ただし、ここまでの問題に比べると、ちょっと難しいかもしれませんが……」

さっそく優斗はサオリにこの難問を説明することにします（次ページ図）。

「これは……要するに面接は1人ずつやらなければならないってことよね」

「はい。しかも、1人会ったら、必ずその場で採用の可否を判断しなければなりません」

「う〜ん、まだこの問題の本質がピンとこない……」

「そうだと思います。もう少しぼくから説明させてください。社長さんとしては当然ですが、3人のうち最も能力の高い1人を採用したいはずです」

サオリは黙って頷きながら聞いています。

秘書問題

社長秘書を1名採用します。
応募者はA氏、B氏、C氏の3名。
しかし、いくつか条件があります。

- 当然、能力的に最も高い1名を採用したい
- しかし、できるだけ面接の実施回数は少なく済ませたい
- 面接は必ず1名ずつしなければならない（3名まとめて面接はダメ）
- 採用可否の判断は面接のつど、そのときにしなければならない（保留はダメ）

このような条件のもと、3名の中で一番能力の高い人物を採用できる確率が最も高くなる方法論を考えてください。

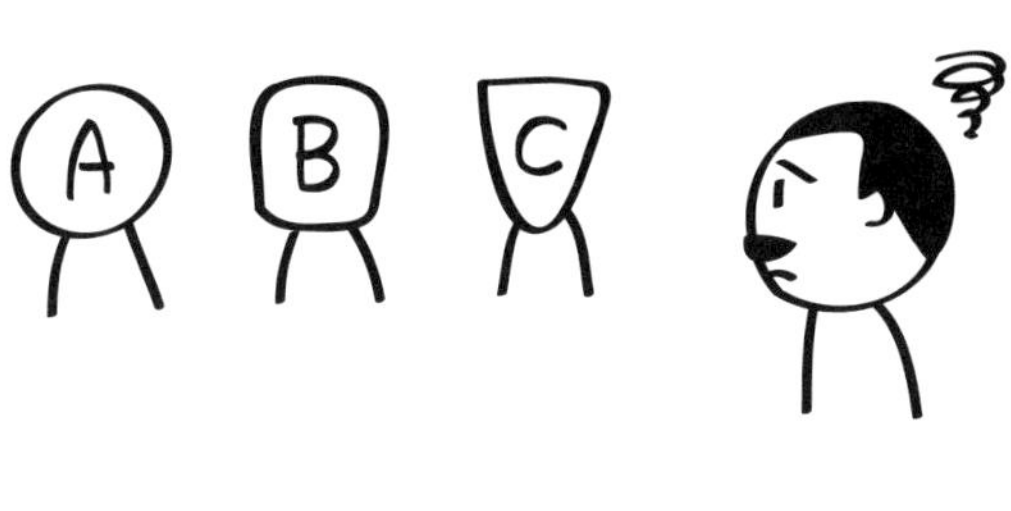

「でも一方で、とても多忙なこの社長さんは、できれば面接回数は少なくしたいんです。言ってしまえば、3人の中から最初に面接にきた人を即採用して終わらせたいくらいなんです」

「あ〜、そういうことね。最も高い能力の人をできるだけ少ない面接回数で採用したいってことね」

「その通りです。そのためにはどんなルールで面接をしていけば、それが実現できる確率が最も高くなるかってことなんです」

「なるほどね〜。問題の意味はわかったわ。でもこれ、私には難し過ぎない？」

「大丈夫です。これまでと同じようにぼくがアシストしますから」

「じゃあ、1つお願いしてもいい？」

サオリは真顔になり、優斗に語りかけます。

「たぶんこの問題にも本質になる部分があると思うの。そこに差しかかったら、できるだけ私に時間をちょうだい」

「と言うと……？」

「1つくらい、自力でちゃんと問題解決してみたいのよ」

「……」

そのとき、車掌の上田の車内アナウンスの声が流れ始めます。安全確認がとれたため、この列車は間もなく運転を再開すると。

「もう、あなたに教えてもらえる時間も限られてきているしね（ニコッ）」

サオリはそう言い、視線を問題の書かれたノートに戻しました。

「秘書問題」にチャレンジ！

列車がゆっくりと動き始め、徐々にスピードを上げていきます。
いよいよサオリにとって最大の難問（？）への挑戦が始まります。

「とにかくこれまで教えてもらった考え方を使うのね」

「はい。まず、能力的に最も高い人物をA氏としましょう。次に能力の高い人物はB氏……」

「一番ダメな人物はC氏ね」

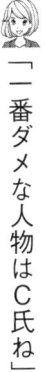

「はい。ただし、その3人の能力は当然ながら実際に会ってみなければわかりません」

「そうなのよね……もし最初の面接がC氏だったら、その人物はイマイチなわけだから即採用するか悩むわ」

「でも、もし不採用にしたとしても、2回目以降の面接でC氏より能力の高い人がくるかどうかはこの時点ではわかりません」

「そう！　そこが問題なのよね〜」

優斗は徐々に本質に近づくため、サオリをナビゲートしていくことにします。

「サオリさん、そもそもこの問題における3人の面接の順序は全部で何通りあるでしょうか？」

「順序？　3人の順番違いを数えればいいわけだから……『3×2×1＝6通り』かな」

「正解です。今その6通りを全部、表にして書き出してみますね」

「うん、ここまではOKだわ」

「サオリさん、もしラクをすることを考えたら、面接は何回で終わらせますか？」

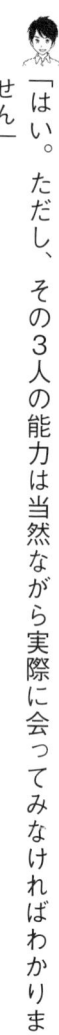

面接の順序は全部で6通り

	面接1人目	面接2人目	面接3人目
①	A	B	C
②	A	C	B
③	B	A	C
④	B	C	A
⑤	C	A	B
⑥	C	B	A

「え？　何言っているのよ。1回に決まっているじゃない」

「ということは、一番ラクな方法を採った場合、最も能力の高いA氏を採用できるケースは何通りになるでしょうか？」

「つまり、無条件で1回目に会った人物で採用を決めてしまうってことね」

サオリはしばしノートを見つめ、優斗の書いた表の右隣にその問いの答えを書き込んでいきます（207ページ図）。

「6通りのうちの①と②、つまり2通りね」

「ということは、この方法を採った場合にA氏を採用できる確率はいくらでしょうか？」

「6通りのうちの2通りだから……確率は3分の1ってこと?」

「正解です」

しかし、サオリは腑に落ちない点がありました。それを優斗にぶつけます。

「でもさ、これって面接したら、そのつど判断しなきゃいけないわけだから、2人目で採用しても3人目で採用しても確率は同じ3分の1になるんじゃないの?」

「サオリさん、すごいですね。その通りです」

「ということは……ちょっと待って。整理してみる。せっかくだから、表を使って」

サオリはノートにざっくりした表（211ページ図）を描きながら、自分の頭の中を整理していきます。

「……ということは**裏を返せば**、もし3分の1より高い確率でA氏を採用できる方法論があれば、それが正解ということになるのかしら?」

「はい、そういうことになります」

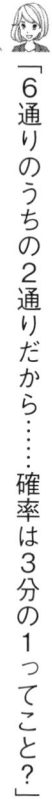

もし無条件で１人目を即採用したとしたら……

もし無条件で、1人目を採用すると

	1人目	2人目	3人目	採用されるのは
①	A	B	C	A
②	A	C	B	A
③	B	A	C	B
④	B	C	A	B
⑤	C	A	B	C
⑥	C	B	A	C

Aを採用できる確率は $\frac{1}{3}$ ！

「……ということは、単純な〝○人目で採用する〟って方法はもう議論から外すってことで決定。つまり**消去法**ね」

その言葉を待っていたかのように、優斗はサオリに最後のナビゲートをすることにします。ここから先は、サオリの希望通りいっさいヘルプをしないつもりでいました。

「サオリさん、ここまでは順調です。あとは〝**常識を疑う**〟をキーワードに、ここからはサオリさんだけで頑張ってみてください」

その言葉に、サオリは今、自分が問題解決の佳境に入っていることを察します。

もはやサオリにとって、この「秘書問題」が自分に役立つかなど、どうでもよくなっていました。とにかく自分の考える力を鍛えたい、自分の力で問題を解き明かしてみたい。

その気持ちだけが、サオリ自身をかつてないほど「ちゃんと自分で考える」ことに真剣にさせていました。

「私も1つくらい、自力で問題解決したい！」

「これまでの〝考える〟を使えば、できますよ！」

« THINK «

03

自分だけで問題解決できるようになりたい！

いざ、秘書問題の解決へ！

「……（でも……この表［次ページ図］には〝その他〟って書いてみたけど、これって実際にあるのかしら？　だって候補は3人なのよ？　何番目かの人で決める以外に方法なんかないじゃない）」

「あの、でももしサポートが必要でしたら……」

「……（まず面接をする社長の気持ちになってみよう……できれば面接は1人目で済ませたい。でも、その1人目が最も能力の高い人物かはわからない）」

「……」

「……（じゃあどうする？　何か突破口になるような考え方は……もしかして、それが〝常識を疑う〟かも？）」

「……すみません、黙っていますね」

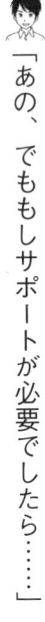

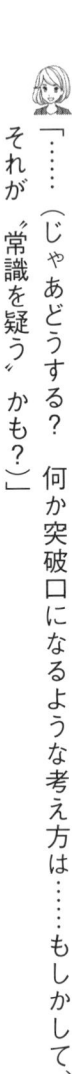

サオリが整理した表

	1人目で採用	2人目で採用	3人目で採用	その他
A氏を採用できる確率	$\frac{1}{3}$	$\frac{1}{3}$	$\frac{1}{3}$	?
↓	↓	↓	↓	↓
消去法	×	×	×	○

「……（**常識を疑う**……1人目を面接する側の常識って何だろう……その場で合否を決めなきゃいけないわけよね……あとはできることならこの1人目で決めてしまいたい……とかかしら）」

「……」

「……（面接される側の常識は何だろう……合格したいと思っているわよね）」

「……（ホントに真剣なんだな）」

「……（たとえばそこで**あえて逆を行**くってどういうことなんだろう？）」

「……？」

「ちょっと待って‼」

その瞬間、サオリは頭の中の霧がパッと晴れたような感覚になりました。隣の優斗はそんなサオリを見つめていますが、そんな状況にまったく気づくことなく、サオリはノートに描かれた表を食い入るように見ています。

「そういうことか！　わかったわよ！」

「あ、あのサオリさん……声がちょっと……」

「え？　あ、ごめんごめん。夢中になっちゃった……（苦笑）。優斗くん、これってつまりこういうことね」

サオリはノートを見せながら、優斗に説明を始めます。

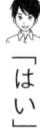

「もしも、面接した1人目の結果には採用と不採用の2つがあり、かつ面接される側は当然合格したいと思っているという常識を否定し、逆行したらどうなるかを考えてみたの」

「はい」

「つまり、ちょっとズルい社長だったらどう考えるかなって」

「はい」

「1人目は、そもそも採用という選択肢はない。つまり、面接の1人目はA氏、

サオリが導き出した方法

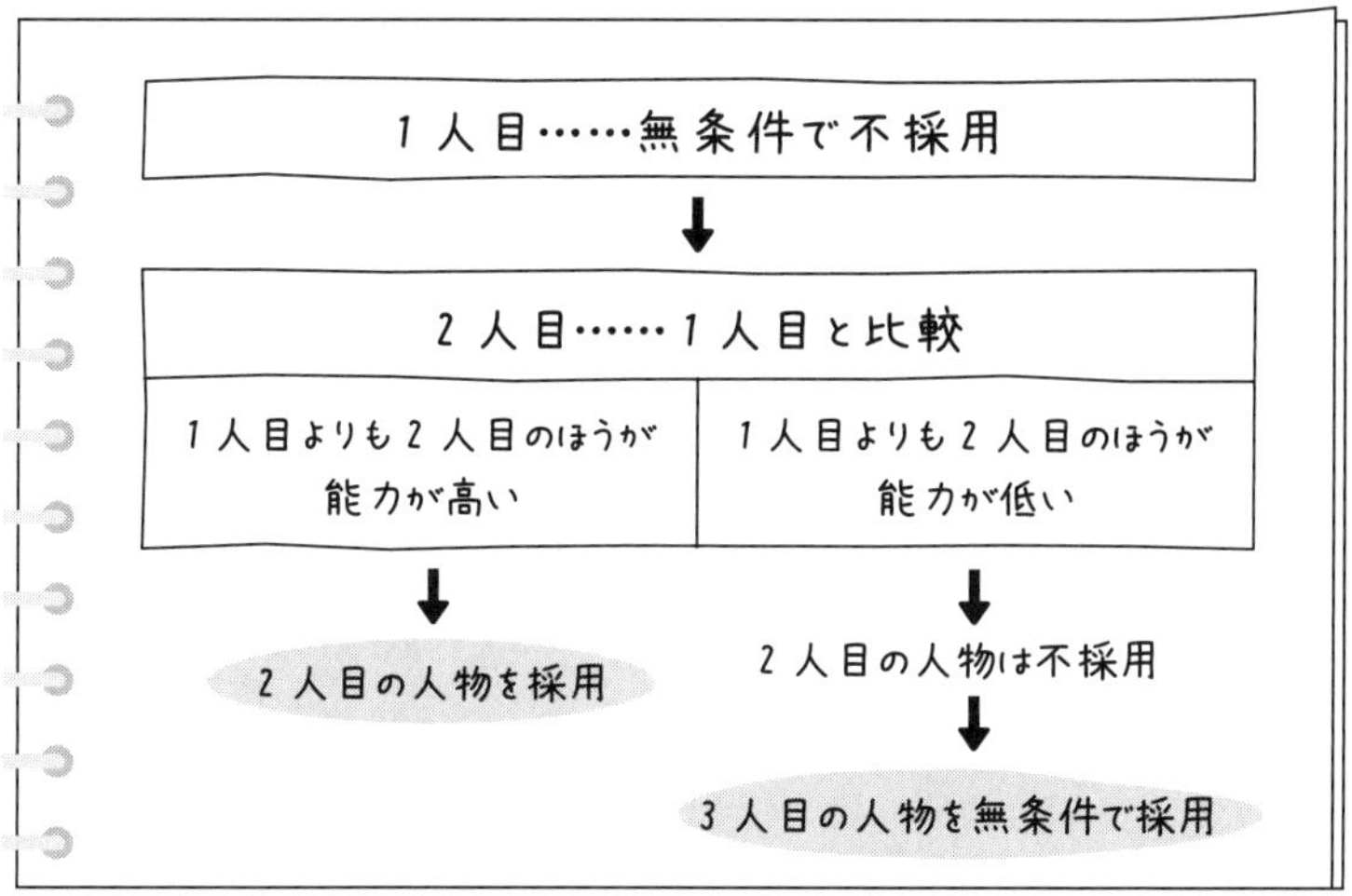

B氏、C氏の誰であろうと不採用にするの！」

優斗はこの時点で確信しました。サオリはこの問題を解決していると。

「でね、次に会う2人目がポイントなのよ。もしこの2人目が、1人目と比べて能力的に高い人物だとしたら、この人物で採用を決めればいいのよ！だって、少なくとも1人目よりは能力が高いことはわかっているわけだから、3人の中で最も能力的に高い人物である可能性も高いはずじゃん!?」

「……」

「逆にもし1人目と比べて能力的に低い人物だとしたら、この2人目も採用しない。この場合は仕方ないけど最後

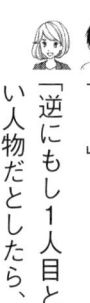

の3人目を面接するしかないわね。そして必然的にこの3人目を採用することになるってわけ」

「なるほど。ちなみにその方法を採ったら、本当にA氏を採用できる確率は3分の1より大きくなるんですか？」

サオリは待ってましたと言わんばかりに、その問いにこう答えます。

「この方法だと6パターンのうち③④⑤の3通りがA氏を採用できる。つまり確率は2分の1！」

「すごい！　見事に解決ですね」

「ホント？　正解!?　やった〜！」

「サオリさん、ですからちょっと声が……」

優斗は苦笑いしながら周囲に「すみません」と頭を下げました。

「いや、サオリさん本当にすごいですよ。よく解決しましたね」

「でしょ？　私だってちょっと本気出せば……な〜んていうのは冗談だけど。で

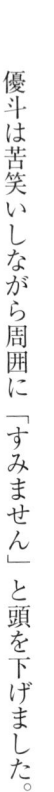

A氏を採用できる確率は？

サオリの方法を使えば、
一番優秀なA氏を採用する確率は

50%にアップする！

サオリの方法論で採用すると

	1人目	2人目	3人目	採用されるのは
①	A	B	C	C
②	A	C	B	B
③	B	A	C	A
④	B	C	A	A
⑤	C	A	B	A
⑥	C	B	A	B

最も能力の高いA氏を採用できるケース

③　④　⑤　の3通り

$$\frac{3}{6} = \frac{1}{2} = 50\%！$$

も確かにこれまで2人で話してきた考え方のコツだけで、1つ問題解決できたわ」

優斗はこの秘書問題を通じて得たことをサオリ自身が整理できるよう、会話を進めることにします。

「ちなみにこの問題解決のポイントはズルさにあると思うのですが、ズルいポイントはどこでしたか？」

「1人目は無条件で不採用にする。これってズルいというか、ちょっと卑怯よね〜。面接される側は採用されることを信じて面接を受けるわけじゃない？」

「はい。でも、面接をする側からしたら、サオリさんが考えた方法論が正解なんです。もちろん、面接する1人目の方にそんなことは明らかにしないですけどね」

「ズルい。でも、賢い……こういうことを考えつく人が、賢い人ってことなのね」

すると、周囲の乗客が動き始めます。どうやら列車が間もなく新横浜駅に着くようです。

「東京に着く前に解決できてよかった」

「列車が遅れて、結果的にはよかったのかもしれません」

「ちょっと、これはズルいんじゃない？」
「盲点を見つけるためには、ズルいくらいでちょうどいいんです」

« THINK «

04

やっぱり「考える」は武器になる！

ビジネスでも「ズルいけど賢い」が勝つ

「……確かに賢い人ってそういうことしているわね」

「え？」

新横浜駅のホームを見ながら、サオリはポツリと語り始めます。

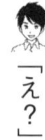

「さっきの話の続き。ビジネスが上手な人って、確かにそういうちょっとズルいことを考えて実行しているのよ」

「そうなんですね！　ものすごく興味あります。たとえばどんなものがあるんですか？」

「たとえば、新聞の購読プロモーション。ネット版のみだと月に2000円、ネット版と紙版セットで4000円だとしたら、ほとんどの人が前者を選んでしまうんだって」

「でも、新聞を売る側にしてみたら、当然4000円のセットを一番売りたいですよね？」

「その通り。だからね、こんなふうに見せるんだって」

サオリはニコリと笑い、話を先に進めます。

「ネット版のみ2000円、紙版のみ4000円、ネット版と紙版セット4000円」

「なるほど！　それだったらネット版と紙版セットで4000円が最もお得に感じます！」

「そう。絶対に選ばれないであろう選択肢をあえて用意するの」

「そういえば行動経済学の本で似たようなことが書いてありました……これ、飲食店のメニューとかにもよく使われる考え方ですよね。特定のものを注文されやすくするために、あえて高額なメニューを用意しておくとか……」

サオリはコクリと頷き、優斗の次の言葉を待ちます。

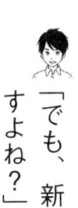

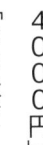

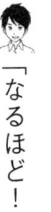

「そうか。これってつまり、選択肢というものは『選ばれたほうがいいに決まっている』、という**常識を疑った**結果なんですね」

「そう。これも1つのアイデアよね。そして、ちょっとズルいけど賢い」

列車が出発し、新横浜駅のホームをゆっくり滑るように離れていきます。車内は60%くらいの乗車率にまで乗客が減りました。

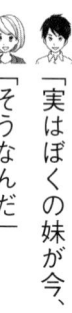

すると、今度は優斗が「ズルいけど賢い」の例を持ち出します。

「実はぼくの妹が今、関西のある大学に通っているんです」

「そうなんだ」

「その大学は最近、ネットだけによる出願を取り入れたんです」

「……ネットだけっていうのは珍しいわね。つまり、紙の願書がないってことでしょ？」

優斗は頷き、会話を続けます。

「出願書類は紙っていうのがこれまでの常識だったんですが、その**常識を真っ正面から否定した**んです。結果、その大学は今、日本で志願者数ナンバー1になったそうです」

「へぇ～うまくやったわね。今の高校生はみんなデジタル世代だろうから、そちらのほうが好評でしょうね」

「そうなんです。紙よりも応募しやすいと思います。しかも、大学側はそれを〝環境に配慮して〟とうまくアピールしているんです。何というか、ちょっとズルいけどでも賢い事例です」

「なるほどね～。確かに優斗くんの言う通りだったわ。賢い人って、ちょっとズルいことをしている人。でも、そのちょっとしたズルさは、今日あなたが教えてくれたエッセンスを上手に使えばつくり出すことができるのよね」

サオリは通路を挟んだ反対側の車窓に流れる小さな夜景を眺めながら、ここまでの優斗との会話を思い返していました。

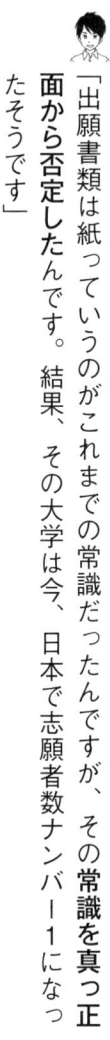

「考える」はビジネスの武器になる

「な～んか、新入社員のときにやった研修よりも、今日の優斗くんとの会話のほうがずっと勉強になったわ」

「え？　そうなんですか？」

「うん。エッセンスはきっと同じだと思うのよ。だけど、あなたのように実際にその考え方をサクッと使っている人から話を聞くほうが、教科書のお勉強っぽくなくてピンときたわ」

「それはよかったです。確かにぼく自身、考えることは大好きですし自然とやっているのかもしれません。数学を勉強しているおかげですね」

「何かを学びたかったら、その分野のプロから話を聞くことが一番早いのかもしれないわね！」

優斗はその言葉に慌てて首を振ります。「プロだなんてとんでもない！」といったところでしょうか。

「今日教えてくれた〝反例〟や〝背理法〟は明日の会議でも使ってみたいなぁ。あ、でもちゃんと議論するためには、頭の中がきちんと整理されていないといけないんだけど」

「そういえば、サオリさんは優柔不断も卒業するんですよね？」

「そうよ。今までの私は典型的な〝決められない人〟だったけど、これからバシバシ判断して仕事もスピーディに進めるわ（たぶん）」

「あとは……」

「わかっているわよ。明日から〝常識を捨てる〟で行くわ！」

優斗が「サオリさん、素敵です」という言葉をギリギリで飲み込んだことにサオリは気づくはずもありません。

「正直、考えるって面倒くさいなって思っていたけど……」

「……？」

「自分の仕事でちゃんと使えるようになんてできないと思っていたけど……」

「……」

「もしかしたら、私でもちょっとはできるかもしれないと思えてきたよ」

「できますよ。というか、もうできているじゃないですか。さっき秘書問題も解決しちゃったし」

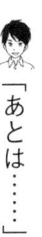

優斗の進む道は？

列車は品川駅に到着します。サオリが車窓からホームを眺めると、携帯電話で話しながら歩く加藤ヒロアキの姿がありました。

サオリは憧れの人物と交わしたほんの短い会話の内容を回想していました。

「もうすぐ東京ですね」

「何だかとっても楽しい2時間半だったわ。あ、3時間か」

「ぼくも楽しかったです」

「新大阪を出てすぐ、あなたに声をかけて正解だったわ。今思えば、私が荷物を抱えてコートを着たままボーッと座っていたのがきっかけよね（笑）」

「そうでした（笑）。でも、本当にラッキーでした」

サオリは1つ気になっていることを率直に尋ねます。

「ところで優斗くんは今、大学院生だけど、将来はどうするの？　やっぱり数学者とかになるのかしら？」

「それは……」

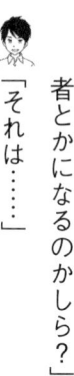

「……？」

「実は悩んでいたんです。このまま研究の道に進むか、ビジネスパーソンとして働くか。でも、実際にバリバリ活躍されているサオリさんの話をこんなにたくさん聞けて、とっても興味深かったですし、勉強になりました」

「最後までお上手ね。勉強になったのはこっちよ」

「何ていうか……会社に入って働くのも、悪くないかなって思い始めています」

サオリはその言葉には返事をせず、無言で優斗に名刺を1枚手渡します。

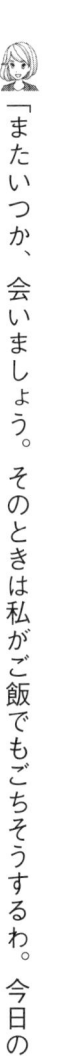

「またいつか、会いましょう。そのときは私がご飯でもごちそうするわ。今日のお礼に」

「ホントですか!?　じゃあ、ぼくの就職が決まったらぜひお願いします！」

「あ、それいいね。楽しみにしているわよ」

「はい！　あ、あの……これって言わばデート、ですよね」

優斗の顔が真っ赤になっています。サオリはそれを見て、思わず吹き出してしまいました。

「デート？　フフフ、こんなオバさんでよければ」

「はい。ぼくは大丈夫です！」

「……あのね、こういうときは〝オバさん〟を否定するものよ」

「あ……」

2人の笑い声が響く車内に、車掌である上田のアナウンスが流れます。

「間もなく、終点の東京です。お忘れもののないようお降りください。また、本日は強風の影響で架線に異物が引っかかったことによる安全確認のため……」

元カレとの7年ぶりの再会もありました。上田のアナウンスを聞きながら、ほんの少しだけ学生時代に思いを馳せます。できることならもう少し話をしたかったというのが、サオリの本音でした。

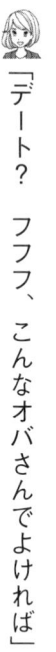

「〝考える〟の基本は、数学的な
人に教わるのが一番！」
「〝考える〟をいつも自然に
している人種ですから」

COLUMN 5

問題解決とは何か

私の定義する問題解決とは、次の通りです。

「論理的に考える」と「発想する」を組み合わせ、その問題に対して最適な解にたどり着くことである。

「考える」という行為は、究極まで突き詰めればこの２つしかありません。

そして、論理的に考えるだけではダメで、かといって気ままに斬新なアイデアばかり求めていてもダメです。双方のバランスで、問題解決は実現するのです。本章の「秘書問題」のように。

今あなたにも、解決しなければならない問題がきっとあることと思います。

本編のサオリのように「論理的に考える」と「発想する」を組み合わせて、その問題にアプローチしてみてください。きっと、突破口が見つかるはずです。

EPILOGUE
—エピローグ—

もう、“考える”ことから逃げない

エピローグ

もう、〝考える〟ことから逃げない

サオリの決意

「横山課長、今よろしいでしょうか」

翌日、東京にあるオフィスに出社したサオリは、すぐに昨日の件を上司である横山課長に報告しました。

「昨日、大阪で先方の小野寺部長にお詫びをしてまいりました」

「それで？　向こうの反応は？」

「一応お詫びとしては受け入れていただいたと思います。ただ、今後の取引に関してはは否定的でした」

「ま、そりゃそうだよね」

横山は黙ってサオリを見ています。その顔には「で？　どうするつもり？」というセリフが書かれています。

「小野寺部長の我が社に対する、いえ私に対する信頼は今、地に落ちています」

「……」

「でも、**裏を返せば**、これ以上マイナスになることはありません」

「……？」

「常識で考えれば、一度大失敗をした私と仕事を継続するなんてあり得ません。でも、**私はこの常識を疑ってみたいと思います。**一度大失敗をした私だからこそ提案できること、きっとあると思うんです。今はまったく思いついていませんが、ちゃんと考えればきっと見つかります」

横山はクスリと笑います。しかし、その笑顔は決してサオリをバカにしたそれではありませんでした。

「もう一度、大阪に行って小野寺部長に会いたいと思っています」

「……」

「今まで私はノリとか勢いだけで仕事をしてきました。それで何とかなっちゃったことも、けっこうありました。でも、それってやっぱり浅いんですよね。もうそれでは通用しないことが、今回よくわかったつもりです」

「……」

「ちゃんと考えてみます。広告という仕事のこと、クライアントのこと、ウチの会社のこと、私自身のこと。ちゃんと考えて仕事をしてみます」

黙って聞いていた横山がようやく口を開きます。

「常盤、何かあったのか？　今日は別人だな」

「いえ……別に」

「そうか。まあ、頑張ってみれば」

「はい」

「もし、本当にもう一度、小野寺部長のところに行くのなら……」

「……？」

「そのときは俺も連れて行け。勝負する以上は、絶対に勝たないとな！」

横山のその言葉に、サオリは「リベンジ」を決意するのでした。

私は、変わる

とある日曜日のランチタイム。サオリは東京駅近くにあるイタリアンレストランにいました。テーブルの向かいには１人の男性が座っています。

「あのときは驚いたよ。７年ぶりだもんな」

「しかも学生時代のイメージしかないから、上田くんの制服姿、何だか新鮮だったな～」

「電話番号、もしかしたら変わっているかもと思ったけど、思い切ってかけてみて正解だった」

あの偶然の再会から数日後、上田はサオリに電話をし、改めて「再会」を提案したのでした。

「昔はお互い若くてさ、いろいろ衝突したりもしたな」

「うん。上田くんの言うこと、バカな私にはけっこうキツいこともあったのよ。まったくもう！」

「……ごめん」

2人ともすでに食事を終え、食後のコーヒーを味わっています。

「サオリ、変わってないな」

「え？」

「ノリがよくて明るくて。一緒に話していると、楽しくて笑っちゃうことばかり」

「……」

「あのさ、よかったら今度はディナーでもどう？　青山にいい店が……」

サオリは急に真顔になり、コーヒーカップを置きます。

「そう。変わっていないのよ」

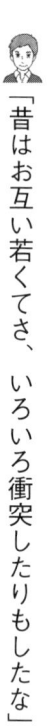

「え？」

「私、学生時代から何も変わっていないのよ。でも、それじゃダメなんだよね」

「……？」

「私、今の仕事がすごく好きだし、もっとデキるようになりたいの。でも、今のままじゃダメなのよ。私自身が変わらないと」

「……変わる？」

サオリの驚くほど真剣な表情に、上田は言葉を失います。

「昔の私なら、上田くんとのディナーに喜んで出かけたんだと思う。何と言っても、Don't think. Feel!（考えるな、感じろ！）が座右の銘だったからさ」

「……」

「でもね、それじゃきっとダメなのよ」

サオリが今、何を考えていて何を言おうとしているのか、上田は何となく感じ取ることができました。

「上田くんのお誘いはすごくうれしいけど、ちゃんと考えてからにするわ」

それが事実上のＮＯであることを察した上田は、ふうとため息をついて、優しく微笑みます。

「そっか。わかった」

「……」

「前言撤回するよ」

「え？」

「サオリ、何かちょっと変わったな」

店を出たサオリは上田と別れ、お互い逆方向に歩き始めます。

「別人になった」と言われるくらい変わりたい。

サオリは本気でそう思い始めていました。

そのきっかけを与えてくれた浅野優斗という1人の若者。

もし本当に再会する機会があるのなら、自分の変わった姿も見せたい。そんなことを思いながらサオリは歩を進めます。

そのヒールが鳴らす音は、いつもよりほんの少しだけ力強く、東京の街に鳴り響いていました。

おわりに

ちゃんと考える。

その行為が不要なビジネスパーソンなど、1人もいません。

常盤サオリは、幸運にも浅野優斗と出会い、数学的な人の「考える」の一端を知ることができました。わずかではありますが、それだけでも彼女の人生は変わり始めたのです。

あなたの「考える」をほんの少しでも変えることができれば、きっとあなたの人生も変わっていきます。


次はあなたの番です。

本書を読んだあなたが、「考える」の基本をしっかり身につけ、サオリのようにほんの少し変われることを著者として願っています。

2015年11月　深沢真太郎

深沢真太郎（ふかさわ　しんたろう）
ビジネス数学の専門家／教育コンサルタント。ビジネスパーソンの思考力や数字力を鍛える「ビジネス数学」を提唱し、この分野の第一人者として人材育成に従事。さまざまな大手企業の人材育成をサポートしており、これまで延べ5000名以上の指導経験を持つ。また、全国の大学からも講義依頼が殺到。担当した講義は100%リピート依頼がくる超人気講師でもある。著書は『数学女子智香が教える 仕事で数字を使うって、こういうことです。』（日本実業出版社）、『仕事に使える数学』（ダイヤモンド社）など多数。公益財団法人日本数学検定協会「ビジネス数学検定」1級AAAは国内最上位。BMコンサルティング株式会社代表取締役／理学修士（数学）／多摩大学非常勤講師。

★ビジネス数学.com　～深沢真太郎オフィシャルウェブサイト～
http://www.business-mathematics.com

★ご感想をぜひお聞かせください。必ずお返事差し上げます
info@bm-consulting.jp

そもそも「論理的《ろんりてき》に考《かんが》える」って
何《なに》から始《はじ》めればいいの？

2015年 12月 10日　初版発行
2016年 3月 10日　第4刷発行

著　者　深沢真太郎 ©S.Fukasawa 2015
発行者　吉田啓二

発行所　株式会社日本実業出版社　東京都文京区本郷3−2−12 〒113-0033
大阪市北区西天満6−8−1 〒530-0047
編集部 ☎03-3814-5651
営業部 ☎03-3814-5161
振　替　00170−1−25349
http://www.njg.co.jp/

印刷／理想社　製本／若林製本

この本の内容についてのお問合せは、書面かFAX（03−3818−2723）にてお願い致します。
落丁・乱丁本は、送料小社負担にて、お取り替え致します。

ISBN 978-4-534-05338-1　Printed in JAPAN